# COMMENTAIRE

## DE

# LA LOI

### DES

## CONGRÉGATIONS RELIGIEUSES

### DE FEMMES.

Ouvrage contenant : le Texte de chaque article, suivi de sa discussion dans les deux Chambres; L'Instruction ministérielle, les Lois, Ordonnances et Décrets relatifs aux Communautés ou Associations religieuses; l'Annotation de divers Arrêts et la solution des questions les plus importantes sur cette matière.

### Par M. L.-L. CHARRIER,

DOCTEUR EN DROIT, AVOCAT A LA COUR ROYALE DE PARIS.

> Interrogeons l'indigent, l'infirme, la veuve, l'orphelin; ils nous diront si ces anges sont utiles à la terre.
>
> M. HYDE-DE-NEUVILLE, *Député*, *séance du 6 avril 1825.*

## A PARIS,

### CHEZ J.-L. CHANSON, LIBRAIRE.

RUE DES GRANDS-AUGUSTINS, N° 10;

CHEZ L'AUTEUR, RUE DE LA HARPE, N° 29;

ET CHEZ LES PRINCIPAUX LIBRAIRES.

## 1825.

# A M. GUILLEMIN,

DOCTEUR EN DROIT, AVOCAT AUX CONSEILS DU ROI
ET A LA COUR DE CASSATION.

MON CHER CONDISCIPLE,

EN vous dédiant cet ouvrage sans votre permission, je ne fais que suivre l'impulsion naturelle d'une reconnaissance à laquelle je prétends que vous ne pouvez vous refuser ; et je prouve par là que je n'ai d'autre ambition que celle de bien faire. Vos conseils m'ont souvent éclairé, heureusement critiqué parfois, et toujours encouragé. Trouvez donc bon que j'associe votre nom à un travail dont le fond, si conforme à vos principes et aux vœux d'un cœur chrétien comme le vôtre, se trouve encore placé dans le domaine de votre noble profession.

Recevez avec amitié ce témoignage de la mienne.

L.-L. CHARRIER.

# INTRODUCTION.

Les congrégations religieuses, dit M. de Blangy, Député (1), viennent au secours de l'humanité; elles prennent l'homme dans son enfance et le soignent dans tous les âges de la vie; elles remplissent par devoir les fonctions les plus pénibles, et n'attendent de récompense que du bien qu'elles procurent et du Dieu pour lequel elles travaillent.

Le règne de la terreur, les fit momentanément disparaître en France. L'apparence seule de la liberté les fit renaître. L'état précaire du pays, les traces récentes de la persécution, l'effroi de son retour, rien n'arrêta leur zèle. Il y avait des pauvres à secourir, des malheureux à consoler, du bien à faire. Il fallait des établissemens religieux; ils se formèrent, parce qu'ils sont un besoin de la société, parce qu'ils commencèrent aux premiers âges du christianisme, parce qu'ils sont une preuve visible de la Divinité de la religion chrétienne et qu'ils subsisteront autant qu'elle, c'est-à-dire, aussi long-temps que le monde (2).

(1) Séance du 6 avril, Moniteur, n. 97.
(2) Rapp. de la Comm. de la Chambre des Députés.

Voyez ce guerrier destiné à mourir loin de sa famille, dit M. Dubourg, Député (1); il ne rencontre actuellement que l'œil mercenaire d'un infirmier, et son lit de mort n'est entouré d'aucune consolation. Appelez ces filles pieuses, et il pensera avoir retrouvé les soins d'une mère tendre; vos administrations mercenaires seront surveillées, et vous verrez succéder aux désordres, aux dilapidations, à l'insalubrité, l'ordre, l'économie, et une grande amélioration dans la santé des malades. Quel est celui d'entre vous, qui n'apprécie les avantages que je viens de signaler?

Interrogeons l'indigent, l'infirme, la veuve, l'orphelin, dit M. Hyde-de-Neuville, Dép. (1); ils nous diront si ces anges sont utiles à la terre.

Aussi, M. le comte Siméon, P. (Séance du 3 février, Mon. n° 36), tout en votant le rejet de la loi, ne put s'empêcher de déclarer qu'il souscrivait avec empressement à tous les éloges que l'on pouvait donner aux congrégations hospitalières ou enseignantes. Les services qu'elles rendent à la société, dit-il, méritent sans doute une protection spéciale; mais quelle sera cette protection et dans quelle forme s'exercera-t-elle? Voilà la double question que fait naître le projet, et qu'il est important d'examiner, indépen-

---

(2) Séance du 6 avril, Monit. n. 97.
(1) Même Séance.

damment des questions secondaires auxquelles pourra donner lieu la discussion des articles.

Un autre Pair, M. le marquis de Catelan, dit (1) : S'il faut juger de la difficulté ou de l'importance d'une affaire par le temps employé à la discussion, aucune n'a dû présenter autant d'intérêt que celle qui, dans ce moment, est pour la quatrième fois, l'objet des délibérations de l'assemblée.

Toutefois, on ne doit pas se méprendre sur le motif qui, dans la session précédente, avait fait renvoyer l'admission du projet. En effet, Mr. le Président du conseil des ministres (Séance de la Chambre des Députés du 3 février, Moniteur nº 36), fit observer qu'en proposant dans la dernière session, un projet de loi qui n'exigeait pour l'autorisation des communautés religieuses de femmes, qu'une simple ordonnance, le ministère n'avait fait que céder à la nécessité des circonstances qui ne permettaient pas de laisser plus long-temps les choses dans l'état précaire où elles se trouvaient à cet égard. La Chambre, en reconnaissant cette nécessité, jugea cependant qu'avant tout, il était indispensable d'établir les règles générales auxquelles seraient astreintes les communautés religieuses, sous le rapport de leur capacité pour acquérir, de leur soumission à la juridiction, et des for-

_______________

(1) Séance du 3 février, Moniteur, n. 36.

malités nécessaires pour constater l'utilité de
l'établissement. Si l'on prend soin de lire attentivement la discussion de l'année dernière, dit-il, on se convaincra que *tel fut le seul motif*, qui empêcha l'adoption du projet alors présenté. Le gouvernement pour satisfaire au vœu de la Chambre, a préparé dans l'intervalle des sessions, un projet nouveau et plus étendu qui , après avoir posé les principes généraux et fixé les conditions auxquelles toute communauté religieuse de femmes devra être assujétie, laisse au Roi, le droit qui lui appartient , de reconnaître et d'autoriser spécialement les diverses communautés qui demanderaient à s'établir en se conformant aux dispositions de la loi......

Sous l'ancien ordre de choses, il existait en France trois sortes de congrégations : les congrégations régulières, les congrégations séculières et les congrégations laïques.

Les congrégations *régulières* étaient celles qui se formaient dans un ordre religieux par la division d'une portion de ses membres. Cette association particulière, née dans le sein d'un ordre, portait ordinairement le nom de *congrégation* (1). — Il y avait en France plusieurs de ces congrégations. Par exemple, dans l'ordre

---

(1) Il serait peut-être difficile d'expliquer l'origine du mot *Congrégation* dans l'acception qui lui était donnée par les religieux. (Merlin , Rép., *verbo congrég.*) Qu'il

de Saint-Benoît, on trouvait la congrégation de Saint-Maur, celle de Saint-Vincent, celle de Saint-Hidulphe et celle des deux observances de Cluni.

Les chanoines réguliers formaient différentes congrégations ; celle de Sainte-Geneviève, qui était la plus étendue, se nommait la *congrégation de France*.

Cependant, quoique les prémontrés, les Mathurins, les religieux de Saint-Ruf et de Saint-Antoine fussent des chanoines réguliers et qu'ils suivissent tous la règle de Saint-Augustin, ils ne portaient point le nom de *congrégation* : c'était des ordres distincts et séparés les uns des autres.

Les congrégations *séculières* étaient celles qui étaient composées de prêtres séculiers. Il y en avait plusieurs en France, telles que les maisons de l'oratoire, de la doctrine chrétienne, de la mission, du séminaire de Saint-Sulpice, des Eudistes, etc. Ces congrégations étaient formées de différentes maisons qui avaient leurs supérieurs particuliers et leurs supérieurs généraux.

Les congrégations *laïques* étaient celles qui étaient composées de personnes pieuses, réunies

---

suffise, pour marquer la différence qu'il y avait entre *ordre* et *congrégation*, de dire que le mot *ordre* était le terme générique, embrassant tous les religieux qui vivaient sous la même règle, et qu'on entendait au contraire par le mot *congrégation*, une association particulière de plusieurs membres d'un ordre, qui, quoique nés dans le sein de cet ordre, avaient un régime et des statuts différens.

sous l'invocation d'un saint, pour faire leurs exercices en commun. Ces congrégations étaient de véritables *confréries* soumises aux mêmes règles.

Toutes les congrégations séculières et régulières furent abolies en France, par le Décret du 18 août 1792. Ce Décret fut l'ouvrage de l'assemblée nationale, et tout-à-fait digne de cette époque désastreuse. Les bases sur lesquelles il repose feraient sentir l'injustice de la mesure, si elle ne se manifestait suffisamment d'elle-même ; « con-
» sidérant, y est-t-il dit, qu'un état vraiment libre,
» ne doit souffrir dans son sein aucune corpora-
» tion, *pas même celles qui, vouées à l'enseigne-*
» *ment public, ont bien mérité de la Patrie* ; et
» que le *moment où le* Corps-Législatif achève
» d'anéantir les corporations religieuses, est aussi
» celui où il doit faire disparaître à jamais tous
» les costumes qui leur étaient propres, et dont
» l'effet nécessaire serait d'en rappeler le souve-
» nir, d'en retracer l'image, ou de faire penser
» qu'elles subsistent encore. » — C'est à l'aide de tels motifs, qu'on spolia les congrégations ; qu'on les déposséda de leur état et de leurs biens *au profit de la Nation* ; et chose étrange, le même Décret qui les dépouilla, leur prescrivit le serment d'être *fidèles à la Nation, de maintenir la liberté et l'égalité, ou de mourir en les dé-fendant.*

On sentit bientôt le vuide immense que fesait

la suppression de certaines de ces congrégations.
Les besoins du peuple, ceux de l'humanité souffrante en réclamaient le retour. De suite, la charité chrétienne n'écoûtant que son zèle, s'offrit
en corps pour satisfaire à ces besoins et y pourvût
dans le fait. L'autorité publique ne put s'empêcher de sanctionner dès-lors elle-même le
rétablissement de ces corporations bienfai-
santes..... C'est ainsi qu'un premier Décret,
autorisa la congrégation de *Notre-Dame* de Châ-
lons (Marne), à reprendre l'exercice de ses fonctions : il en fut de même (1), des *Sœurs de l'instruction chrétienne* de Dourdan, *des Sœurs de la
Providence* ou *Sœurs Vatelottes*, *des Sœurs hospitalières* ou *Sœurs de Notre-Dame-de-Grâce*, *des
Sœurs de la miséricorde*, *des Sœurs de la congrégation de Saint-Roch*, *des Sœurs* de l'*enfance de Jésus
et de Marie*; des *dames* dites du *Refuge de Saint-
Michel*, *des Sœurs* de *Sainte-Marthe*, *des Sœurs
de Saint-Alexis*, de *Saint-Joseph*, dites du *Bon
Pasteur*, etc. On s'occupa des congrégations
hospitalières de femmes, par un décret du 18
février 1809, et des congrégations en général
par une ordonnance du 10 juin 1814. Vint enfin
la loi du 2 janvier 1817, qui donna une première extension à la capacité que doivent avoir,

---

(1) *Vid.* Dans la deuxième partie, les Lois, Décrets et
Ordonnances concernant les communautés et congrégations religieuses.

pour se conserver, les établissemens ecclésiastiques.

Il est certain , dit M. Lainé, (1), qu'avant
cette loi, ni les séminaires, ni les évêchés,
ni les cures, ni les communautés de femmes
n'avaient la faculté quelle leur confère. D'après
les lois de 1802, les Décrets et mêmes les Ordonnances de 1814, tous ces établissemens ecclésiastiques ne pouvaient recevoir que de légères
libéralités , et n'avaient guère que la faculté
d'acquérir des rentes sur l'Etat. C'est pour leur
donner une plus grande capacité que la loi du
2 janvier fut présentée, fut sanctionnée, en leur
imposant la condition inséparable d'être reconnus par la loi.

A cette époque, on n'approfondit pas la question de savoir si les communautés de femmes
sont des établissemens ecclésiastiques ; si leur autorisation et le droit de régler leur capacité civile
appartiennent au pouvoir législatif. En expo-
sant les motifs de la dernière loi ( Chambre des
Pairs, du 4 janv., M. n° 8), Mgr. l'évêque d'Hermopolis fit remarquer que depuis, comme avant
la restauration, le Gouvernement était en possession d'autoriser les congrégations religieuses
de femmes , lorsque la loi du 2 janvier 1817 ,
statua que *tout établissement ecclésiastique reconnu par la loi,* serait capable des effets civils,
sous certaines *conditions.*

---

(2) Séance des Pairs du 5 février, Moniteur, n. 39.

Ce n'est là, dit cet illustre prélat, qu'une disposition générale, dont l'application ne s'étend pas nécessairement au cas particulier des congrégations religieuses de femmes. Sans subtiliser sur les mots, mais plutôt, en les prenant dans leur véritable signification, on peut bien avancer que jamais dans le langage de la jurisprudence civile et canonique, on n'a désigné sous le nom d'*établissement ecclésiastique*, une association religieuse de femmes. On appellera de ce nom un évêché, un séminaire, un chapitre, une cure, une société de missionnaires, une réunion de prêtres libres, attachés au service d'une paroisse, une société de docteurs, comme autrefois la Sorbonne ; mais jamais on n'a qualifié d'*établissement ecclésiastique*, un couvent de Carmélites, une maison de Sœurs de Charité, pas même un monastère de Chartreux ou de Bénédictins... De là, la nécessité de la loi nouvelle, toute spéciale aux communautés religieuses de femmes, qui règle la forme et les conditions de leur autorisation, leur capacité civile, et prévoit les cas où elles viendraient à être supprimées ou à s'éteindre.

Comme toute autre, cette loi doit être méditée, pour être sainement interprétée et entendue. Il ne suffit point d'en connaître vaguement les termes ; *scire leges non est earum verba tenere, sed vim ac potestatem.* Ce que nous avons dit de la loi sur le sacrilége, nous le disons aussi de la loi sur les congrégations ; c'est de son esprit qu'il faut se pénétrer ; c'est sa cause, son étendue, ce sont ses motifs, ses conséquences qu'il faut étudier, approfondir (1). Or, les discussions qui préparent une loi, nous découvrent *la pensée intime* du législateur ; c'est là que nous l'avons cherchée, c'est dans une source aussi pure, aussi respectable, que nous avons puisé nos explications et nos développemens.

Cet ouvrage est divisé en deux parties :

Dans la première, nous rapportons après chaque article de la loi, la discussion à laquelle il a donné lieu ; nous rappelons, en suivant l'ordre des dispositions, les amendemens proposés, les motifs de rejet des uns et d'adoption des autres, en conservant les propres expressions des orateurs dont nous reproduisons les idées. Nous y plaçons enfin, l'instruction ministérielle, donnée sur cette loi. — La deuxième partie comprend les Lois, Décrets et Ordonnances sur les congrégations religieuses qui forment la législation dont la loi nouvelle est le complément ; on y trouve aussi la solution des questions que cette loi fait naître, et un aperçu sur la jurisprudence en cette matière.

Le projet de loi fut porté à la Chambre des P., par Mgr. le Ministre des affaires ecclésiasiques (2), qui en exposa les motifs le 4 janvier (Moniteur,

______

(1) *Vid.* Introduction de notre ouvrage intitulé : *Esprit de la loi sur le Sacrilège,* page 12.

(2) M. le Rapporteur de la Commission des Députés

numéro 8.) Dans la Séance du 11 du même mois ( Moniteur , n⁰ 15 ) , la Chambre nomma une commission spéciale pour lui en faire le rapport. Cette commission fut composée de cinq membres , savoir : M. le comte Ferraud , M. le duc Mathieu de Montmorency, Mgr. le Cardinal-Archevêque de Sens , Mgr. l'Evêque d'Evreux et M. le comte de Sèze. Le rapport de cette commission fut fait par M. le duc Mathieu de Montmorency , dans la Séance du 29 janvier ( Moniteur, n⁰ 32). Discutée dans le cours de plusieurs Séances, la loi fut adoptée dans celle du 8 février (Moniteur, n⁰ 42), comme suit :

| Nombre des votans. | | 207 |
|---|---|---|
| Pour l'adoption. | 171 | |
| Pour le rejet. | 34 | 207 |
| Deux bulletins nuls. | 2 | |

Portée aussi à la Chambre des Députés, par Mgr. le ministre des affaires ecclésiastiques, qui

---

a dit : La loi soumise à la délibération , a pendant trois sessions successives, occupé la Chambre des Pairs. Votre Commission a vu avec satisfaction la défense et l'exécution de cette loi confiée à un ministre des Affaires Ecclésiastiques. Comme nous, Messieurs, vous applaudirez sans doute au choix que le Roi a fait de ce prélat illustre, qui, suivant l'expression d'un de nos plus grands écrivains ( M. l'abbé de la Menais, Conserv., t⁺ 3, p. 443), semble suscité par la Providence, pour confondre l'incrédulité, en lui ôtant tout moyen de se refuser à l'évidence des preuves de la religion.

en exposa les motifs le 17 mars (Moniteur, n₀ 77.)
Une commission fut nommée, et M. de Lez ar-
dières, un de ses membres, en fit le rapport le
29 mars ( Moniteur, n° 90). La loi fut adoptée
dans la séance du 6 avril (Moniteur, n° 97 ), à
la majorité de 263 voix contre 27.

Promulguée, le 24 mai 1825, elle a été insérée
au Bulletin des Lois, n° 291. Elle se compose
de huit articles, et peut se diviser en trois
parties : la première, qui fait l'objet des articles
1, 2 et 3, règle les formes et conditions de
l'autorisation des congrégations; la deuxième,
dont s'agit dans les articles 4 et 5, traite de la
capacité des établissemens, relativement à la
jouissance et à l'exercice des droits civils ; enfin, la troisième partie s'occupe des cas où les
congrégations seraient révoquées ou qu'elles
viendraient à s'éteindre.

----

## COMPOSITION DU MINISTÈRE

*Sous lequel la Loi ci-dessus a été portée.*

Départemens
- des aff. ecclés. : M. de Frayssinous, év. d'Hermopolis.
- de la justice : M. le comte de Peyronnet.
- des affaires étrangères : M. le baron de Damas.
- de l'intérieur : M. le comte de Corbière.
- des finances : M. le comte de Villèle, prés. du cons.
- de la guerre : M. le marq. de Clermont-Tonnerre.
- de la marine : M. le comte Chabrol de Crouzol.
- de la maison du Roi : M. le duc de Doudeauville.

# COMMENTAIRE

## DE
## LA LOI

RELATIVE

A L'AUTORISATION ET A L'EXISTENCE LÉGALE

DES

CONGRÉGATIONS ET COMMUNAUTÉS RELIGIEUSES

DE FEMMES.

## PREMIÈRE PARTIE.

*Loi relative aux Congrégations Religieuses de Femmes.* *

### ARTICLE PREMIER.

A l'avenir, aucune congrégation religieuse de femmes (1) ne pourra être autorisée, et, une fois autorisée, ne pourra former d'établissement (2), que dans les formes et sous les conditions prescrites dans les articles suivans (3).

---

* Le projet de loi, rédigé en huit articles, peut se diviser en trois parties distinctes, porte l'Exposé des

Motifs ; la première trace les règles générales d'après lesquelles dévra être autorisée à l'avenir, soit toute congrégation religieuse de femmes, soit toute maison particulière qui s'y rapportera, et fixe les conditions essentielles de l'autorisation.... La deuxième traite de la capacité des établissemens, relativement à la jouissance et à l'exercice des droits civils. La troisième parle de la suppression et extinction d'une congrégation ou maison religieuse de femmes.

, Après avoir exposé les motifs de chacune des dispositions qui composaient le projet de loi, Mgr le ministre des Affaires Ecclésiastiques termina ainsi son discours : « Tel est, Messieurs, l'ensemble du projet qui vous est soumis. Il nous semble qu'en l'adoptant, l'Etat ne fera ni trop ni trop peu. Il protégera, il favorisera des établissemens dignes de tout son intérêt ; il leur assurera, dans une juste mesure, les moyens de s'étendre et de se conserver pour le bien de tous, et cela, sans porter aucun trouble dans le systême de nos lois civiles.

» Que les membres de ces pieuses associations fassent des vœux pour un temps ou pour toujours, l'Etat ne s'en mêlera pas. Il respectera ces liens sacrés, mais il n'y prendra aucune part. Il ne prêtera pas son appui et sa force coactive pour leur exécution ; ce sont-là des choses d'un ordre plus élevé, qui se passeront entre la conscience et Dieu, mais qui ne sauraient être soustraites à l'autorité et à la surveillance des évêques respectifs.

» Je suis loin d'être ennemi des vœux perpétuels et de ce qui s'appelait autrefois la mort civile. L'expérience a bien hautement démenti les clameurs du dernier siècle contre les vœux de religion ; vœux qu'il présentait comme un joug de fer appesanti sur des milliers de victimes. Lorsqu'à une certaine époque, on fit tomber les barrières des cloîtres, devant une multitude de religieuses qui les habitaient, loin de quitter leur solitude avec joie, la liberté qu'on leur rendait fut pour elles un supplice. Mais le souvenir du passé ne doit pas faire oublier le présent ; je ne suis pas du nombre de ceux qui se plaisent à se précipiter dans le bien, au risque de ne pas le faire ou de le faire mal. Sans être timide, il est permis de prendre conseil des circonstances, de laisser quelque chose à faire au temps, d'éprouver pour mieux connaître, d'observer l'esprit de son siècle, et, sans en être l'esclave, de ne pas s'exposer à se briser contre ses résistances.

» Je ne chercherai pas, Messieurs, à vous émouvoir par le tableau de tous les genres de bien dont la France est redevable à ces corporations religieuses. Leurs œuvres sont connues de tous. Et combien ne font-elles pas ressortir la beauté de la religion qui les inspire ! Parmi ces congrégations, il n'en est que deux, et encore sont-elles peu nombreuses, dont la vie soit entièrement cachée dans la solitude, où leurs journées se partagent entre le travail des mains et la prière. Même on peut dire que leur existence seule est une leçon aussi instructive que touchante ; la perfection de leurs vertus fait voir jusqu'où l'Évangile peut élever la faiblesse humaine, et leur fidélité à la pratique des conseils prêche bien éloquemment l'observance des préceptes !

» L'immense majorité de ces établissemens religieux se voue à l'instruction de l'enfance, ou bien au soulagement de l'humanité, et souvent à ce double service à la fois. Enseignantes ou hospitalières , vous savez tous combien toutes ces congrégations sont dignes de vénération. Je n'insiste pas sur leur utilité ; je n'ai pas remarqué que, sur cet objet, il y eût dans la Chambre diversité d'opinion.

» Qu'on ne s'effraie pas, qu'on ne soit pas étonné de leur nombre et de leur diversité. Le fonds est le même, la variété n'est que dans les dehors. Elles peuvent bien différer par leur costume, leur dénomination, et quelques pratiques ; mais toutes ont la même fin et presque les mêmes moyens. Ce sont des branches sorties du même tronc, enracinées dans cette charité chrétienne qui varie ses formes suivant les personnes, les temps et les besoins, se modifie selon la trempe d'esprit et de caractère de ceux qu'elle anime.

» Il existe en France, environ dix-huit cents établissemens religieux de femmes. Et qu'est-ce donc que ce nombre pour une population de trente millions d'habitans, et pour quarante mille communes, dont chacune serait heureuse de recueillir les effets de leur inépuisable charité ? Si la France ne possédait pas de semblables congrégations, elle devrait les appeler de tous ses vœux. Heureuse de les posséder, qu'elle s'empresse de leur accorder une protection qu'elles paient avec usure par tant de services. Vous proposer, Messieurs, de seconder, à leur égard, les vues du meilleur des Rois, c'est vous inviter à vous associer à un bienfait immense envers la société comme envers la religion. »

Les trois premiers articles du projet de loi qui en sont comme la première partie, déterminent, dit le rapporteur, P., les conditions apposées à l'autorisation des congrégations religieuses de femmes, et à l'établissement des diverses maisons d'une congrégation une fois autorisée.

Ces articles sont destinés à remplir une sorte de lacune qui avait été reconnue dans la loi proposée l'année passée.....

« Pour nous résumer sur l'ensemble de la loi, nous avons pensé qu'avec quelques changemens qui nous ont paru se concilier avec l'intention du gouvernement, elle pouvait être infiniment utile. Elle tend à reconnaître dans le pouvoir royal, et à régler par quelques conditions précises, ce droit suprême d'autorisation qui ne peut que donner plus de motifs et de force à sa surveillance protectrice ; elle tend à régulariser ce qui est, ce que nous ne voulons ni ne pourrions même empêcher d'être ; elle tend à assurer, à confirmer par des formes légales, le bien qui se fait par des moyens détournés, peut-être susceptibles d'abus. La loi de 1817 a rendu un vrai service en autorisant le passé ; mais dans ses effets postérieurs, elle n'a rien produit pour les congrégations religieuses de femmes.

» Si l'on veut bien juger l'utilité et la convenance de la loi nouvelle, on ne doit pas la considérer sous un point de vue purement théorique, mais avoir présente à l'esprit, la situation des personnes et des choses sur lesquelles elle est appelée à statuer.

» Ne nous le dissimulons pas, Messieurs; il faut opter entre une loi semblable à celle qui vous est proposée, et l'état actuel d'une législation imparfaite, qui manque de force et de puissance ; qui semble presque inviter à l'enfreindre et à l'éluder. Et n'est - ce pas là un fait accusateur contre le système suivi jusqu'à présent, qui pourrait porter à la longue de dangereuses atteintes à la morale publique et particulière ? Quelles sont les personnes qui doivent se familiariser chaque jour avec les fidéi-commis, avec les donations simulées ou détournées, avec tous les subterfuges que l'avidité ou l'esprit de chicane aurait pu inventer autrefois ? Ce sont les personnes les plus pures, les plus religieuses, les plus désintéressées : elles sont bien loin d'avoir abjuré les sentimens de la nature ; c'est calomnier que de le supposer, et de leur montrer tant de défiance. Chaque jour, elles font en faveur de leurs parens, des arrangemens qui donnent un éclatant démenti à ces fausses opinions ; elles conservent, sans les dénaturer, leurs modestes biens, que leur volonté seule peut les empêcher de vendre pendant toute leur vie, pour en remettre la valeur de la main à la main. Mais elles veulent aussi, par justice et par reconnaissance, admettre au partage de leur héritage, cette famille qui les a adoptées, ces compagnes, ces amies, avec qui elles ont traversé de terribles orages, et abordé à un port commun. Et faut-il s'étonner que des souvenirs encore si présens, au milieu du meilleur état de choses, que les cruelles vicissitudes par lesquelles elles ont été comme ballottées pendant vingt ans, que la manière même dont elles sont encore quelquefois jugées et méconnues, leur laissent un fonds de défiance et d'inquiétude ? Faudrait-il s'étonner qu'elles reçussent quelque impression semblable de cette loi que nous allons discuter, et qui voudrait concilier leurs propres intérêts avec

ceux de la grande famille ? Montrons-leur une juste
confiance ; c'est le moyen de leur inspirer celle que
nos intentions nous donnent le droit d'espérer, confiance nécessaire pour assurer tout son effet à la loi
qui sera adoptée. Confions-nous aussi à la haute prudence des membres vénérables de l'épiscopat français,
dont nous avons l'honneur de posséder plusieurs parmi nous, et qui sont les conseils nés, les premiers directeurs de toutes les maisons religieuses. Que la loi
nouvelle se montre donc à elles tout à-la-fois juste et
inspirée par un sentiment de bienveillance. Elles re-
doubleront de ferveur dans les prières qu'elles font
chaque jour pour cette patrie qui n'a cessé jamais de
leur être chère. Elles ne demandent qu'à être dispen-
sées par une bonne et favorable législation, de la pénible anxiété des affaires si étrangères à leur vocation.
Elles ne désirent que de pratiquer paisiblement de
modestes vertus, à l'ombre du trône de Saint-Louis.
Cette attente ne sera pas trompée. La Chambre des
Pairs secondera, à leur égard, les intentions pater-
nelles d'un prince religieux qui, dès la première session d'un règne commencé sous de si heureux aus-
pices, a voulu ne pas s'occuper seulement des intérêts
bornés à la terre, mais aussi d'un autre intérêt d'un
ordre supérieur, également nécessaire au bonheur des
rois et des peuples.

» Votre Commission a l'honneur de proposer à vos
Seigneuries d'adopter le projet de loi avec les amendemens qui seront imprimés à la suite du rapport, en
regard des articles qu'ils sont destinés à modifier. »

La loi se divise en trois parties, dit le rapporteur
de la Commission des Députés. Les art. 1, 2 et 3 ré-

glent les conditions de l'existence des congrégations,
et les formes de leur autorisation ; les articles 4 et 5
fixent les droits civils et généraux des établissemens,
et les droits particuliers des membres de ces établissemens ; les articles 6 et 7 prévoient les extinctions
des maisons religieuses ou la révocation de leur attribution. L'article 8 applique aux congrégations autorisées antérieurement à 1817, les dispositions des
art. 4, 5, 6 et 7 de la loi.

M. le vicomte de Bonald, P., parlant en faveur du
projet de loi (séance du 4 février, Monit. n. 37), se
crut dispensé de prouver l'utilité des communautés
religieuses de femmes, à une assemblée dont les opinions ne se divisaient que sur les moyens d'établir
ces communautés avec sûreté pour elles-mêmes et le
moins d'inconvéniens pour leurs familles. Aussi ne
s'occupa-t-il que de ces deux questions, dans lesquelles s'étaient pareillement renfermés les orateurs
qui l'avaient précédé. Pour arriver à les résoudre, les
uns voulaient que les communautés religieuses fussent
autorisées par une loi, les autres voulaient qu'elles le
fussent par des ordonnances. Dans l'opinion de M. de
Bonald, elles devaient être autorisées par les deux
moyens à-la-fois, parce que tout se fait et doit se faire
dans la société par les deux pouvoirs qui la régissent,
le pouvoir législatif qui ordonne, et le pouvoir administratif qui exécute. Ainsi tout ce qui est général et
de principe, appartient à la loi, tout ce qui est particulier et d'application, à l'ordonnance. Ainsi le pouvoir législatif décrète en principe le mode et la qualité de la levée des gens de guerre, et le pouvoir administratif organise, d'après ces bases, les différens corps

de l'armée ; ainsi le pouvoir législatif décrète l'impôt, et le pouvoir administratif le répartit. L'un fixe la somme des dépenses publiques, et l'autre y fait participer en raison de leurs besoins les différentes parties du service. Partout on rencontre cette double fonction des deux pouvoirs, parce que partout il y a législation et administration, principe et application. Ainsi dans l'espèce actuelle, la loi fixera le mode et les conditions d'existence de cette personne collective et morale qu'on appelle une communauté religieuse ; et l'ordonnance appliquant ce principe, autorisera, conformément à la loi, les communautés religieuses qui demanderont à s'établir. Cette distinction devient plus sensible encore, si l'on considère que le pouvoir législatif pourrait dans l'espèce qui nous occupe, décréter le principe, sans que personne se présentât pour en requérir l'application, tandis que l'action du pouvoir administratif ne peut être déterminée que par une circonstance présente et réelle. C'est donc, pour emprunter le langage précis de l'école, c'est le pouvoir législatif qui donne l'existence virtuelle, et c'est le pouvoir administratif qui réduit en acte cette existence. Or, de quoi s'agit-il dans le projet soumis à la Chambre ? D'obtenir du pouvoir législatif, en faveur des communautés religieuses de femmes, la création de cette existence virtuelle, en réservant au pouvoir administratif la faculté d'en réaliser les actes quand l'occasion s'en présentera. On ne peut en effet distinguer entre ces différentes communautés, de quelque couleur qu'elles s'habillent, et à quelque règle qu'elles s'attachent. Liées partout par les mêmes vœux, dirigées par le même esprit, tendant au même but, elles ne forment dans l'Eglise, qu'une sainte milice, comme les corps militaires, malgré la différence de leur habit et de leur arme, ne forment dans l'Etat qu'une seule armée. Il faut pour chacune d'elles une autorisation particulière, ce qui suppose un examen préalable. Mais de bonne foi, quel serait devant les Chambres l'objet de cet examen, à l'égard de pauvres filles qui ne demandent à la société que ses enfans à instruire, ses malheureux à consoler, ses malades à secourir? Les interrogerait-on sur ce qu'elles négligent ou sur ce qu'elles pratiquent? L'évangile, le catéchisme, leur bréviaire ou leur chapelet répondraient à toutes nos questions; et si l'on redoutait comme quelques personnes, des macérations indiscrètes, des austérités immodérées, ce n'est pas à nous que la piété ferait ses confidences. Laissons à la religion le soin de modérer l'excès d'un zèle qu'elle fait naître, et rappellons-nous que c'est dans les ordres les plus austères, qu'on trouvait les plus nombreux exemples de longévité. Après tout, dans cet océan de douleurs qu'on appelle la société, qu'importent à la politique les souffrances volontaires de la vertu? Que le siècle s'occupe de soulager les douleurs qu'il enfante, les douleurs des passions et du vice, sans envier au cloître la douce satisfaction d'expier par ses innocentes douleurs les fautes qu'il n'a pas commises.

On prétend appliquer aux communautés religieuses d'aujourd'hui, les formes d'établissement usitées dans l'ancien régime : mais à cette époque le pouvoir législatif et le pouvoir d'administration étaient dans les mêmes mains. Aujourd'hui, la puissance législative est partagée, et le principe de démocratie qui se

trouvait alors dans les administrations locales, a passé
dans la constitution même. Le pouvoir administratif
doit donc être d'autant plus fort entre les mains du
Roi , que son pouvoir législatif s'est affaibli. Les anciennes formes sont tout-à-fait inapplicables, et l'orateur en revient à la doctrine qu'il a établie, et qui est
aussi celle du projet de loi, savoir : que le droit de
créer abstractivement une personne morale, capable
d'acquérir et de posséder, appartient au pouvoir législatif ; la faculté de réaliser ostensiblement cette
création par l'établissement d'une congrégation religieuse appartient au pouvoir administratif; il paraît
plus difficile au noble Pair de justifier l'article du
projet qui défend à toute personne faisant partie d'une
communauté religieuse de disposer, en faveur de cette
communauté, de plus du quart de ses biens. Quel peut
être, dit-il, le motif raisonnable d'une pareille défense?
On l'a comparée à celle que prononce le Code civil,
relativement au confesseur ou au médecin, mais on
conçoit qu'à ces derniers momens un malade soit exposé à des suggestions contre lesquelles sa faiblesse
morale et physique le laisserait sans défense. Ici,
rien de semblable. C'est à la maison où elle a passé
sa vie, où elle a trouvé en santé comme en maladie,
tous les soins de la charité, toutes les douceurs de
cette égalité qu'on chercherait vainement ailleurs sur
la terre, c'est à ses sœurs, à ses compagnes, que la
religieuse ne pourra donner un témoignage de reconnaissance ! Elle ne pourra faire pour sa communauté, ce qu'elle ferait impunément pour un étranger,
pour un domestique ! Vainement prétendrait-on ap-
puyer cette défense de l'ancienne discipline.

Autrefois, la loi n'interdisait pas aux religieux la libre disposition de leurs biens, mais reconnaissant le vœu perpétuel de pauvreté, elle prêtait sa force à l'accomplissement de ce vœu, comme elle la prêtait également aux vœux de célibat et de clôture. Aujourd'hui la loi ne reconnaît aucun de ces vœux, aussi permet-elle à la religieuse de quitter son couvent, et même de se marier. Pourquoi, par une bizarre inconséquence, introduirait-elle la libre disposition de ses biens ? ne serait-ce pas rétablir pour l'innocent la confiscation établie pour le coupable ? On a invoqué l'intérêt des familles ; l'égoïsme et la vanité peuvent regretter les plus légers sacrifices de leur fortune, mais la religion et une haute politique en jugent autrement ; elles attachent un autre prix à l'existence de ces familles immortelles qui se vouent, corps et biens, au service de la grande famille de l'Etat. C'est ainsi qu'en jugeaient nos pères, qui au lieu de fonder des théâtres, employaient leurs richesses à doter des monastères, des colléges, des hôpitaux.

Et dans quel temps ces pieuses institutions furent-elles jamais plus nécessaires ? Sans parler des maux particuliers qu'a produits la fureur de la révolution, de ceux que propagent la licence des arts, le progrès du luxe et les entreprises hasardeuses de l'industrie, songeons aux maux publics, à ce nombre toujours croissant d'enfans abandonnés, à ces maisons de charité, de réclusion ou de détention, qu'il faut sans cesse agrandir ou multiplier ; et tandis qu'à l'un des points extrêmes de la société, seront contenues à grands frais ces sortes de communautés qu'a peuplées le vice, permettons qu'à l'autre extrémité s'élèvent pour notre consolation des communautés de vertus et de bonnes mœurs, qui par leur exemple et l'héroïsme de leurs sacrifices, balancent l'influence de la perversité. Laissons à ces communautés, le droit de recevoir, d'acquérir, de posséder. Quelques richesses qu'elles acquièrent, jamais l'usage n'en deviendra dangereux. Laissons-les croître et se multiplier. Si l'on en plaçait partout où elles peuvent être utiles, bientôt l'Europe en serait couverte. En vain, d'ailleurs, s'opposerait-on à leur établissement : l'opinion publique les réclame, et si la révolution, en les détruisant, n'a pu détruire l'esprit qui les avait fondées, quelle autre puissance se flatterait d'y parvenir ? »

M. de Bonald termine son discours par une réflexion qu'il soumet à la sagesse de la Chambre. Si elle était personnellement intéressée dans l'établissement des communautés religieuses, elle pourrait sans doute les admettre, les rejeter, ou prescrire à leur admission telles conditions qu'elle jugerait convenables à ses intérêts; mais c'est à la classe indigente, aux fortunes médiocres de la société, que ces communautés seront particulièrement utiles. Les classes élevées et les fortunes indépendantes en recevront édification plutôt que secours. C'est donc pour elle, pour cette Chambre surtout, un devoir de justice, de convenance, d'humanité, de favoriser de tous ses moyens la formation d'établissemens qui offriront à l'indigence et à la médiocrité une ressource précieuse. Le noble Pair vota l'adoption du projet amendé par la Commission, en attendant toutefois de nouveaux éclaircissemens sur l'article 5.

Plusieurs discours ayant été prononcés contre le

projet de loi, notamment celui de M. le comte de Cornudet (séance du 4 février), Mgr l'évêque d'Hermopolis crut devoir y répondre : il dit que ce n'était point sans embarras qu'il se présentait pour répondre, sans préparation, aux discours profondément réfléchis des nombreux adversaires qu'il se proposait de combattre : « Mais la mission que j'ai reçue de soutenir le projet, me fait un devoir, dit-il, de présenter à la Chambre quelques réflexions qu'elle voudra bien accueillir avec indulgence, et qui auront au moins le mérite de la bonne foi et de la simplicité.

» Quatre propositions principales ont été avancées contre le projet, par les quatre orateurs qui l'ont successivement attaqué. On a d'abord prétendu que l'autorisation des communautés religieuses était une matière essentiellement législative ; qu'aucun doute ne s'était jamais élevé à cet égard sous l'empire de nos anciennes institutions ; que sous le régime des libertés publiques, les Chambres n'auraient pas apparemment moins d'autorité que n'en avaient les parlemens, sous le pouvoir, non pas arbitraire, mais absolu de nos rois ; que, dans tous les cas, la question avait été résolue en termes exprès par la loi de 1817, confirmée en tant que besoin par le rejet successif des deux projets déjà présentés à la Chambre, dans le sens de celui sur lequel on est aujourd'hui appelé à prononcer.

» On a dit en second lieu, qu'outre l'inconvénient de dépouiller les Chambres d'une de leurs attributions, la loi proposée avait encore celui d'en investir le Conseil-d'Etat, dont l'existence précaire n'offrait aucune garantie, qui existait aujourd'hui, et qui demain pouvait ne plus exister.

» On a soutenu, en troisième lieu, que la nécessité du consentement de l'évêque diocésain pour la suppression d'une communauté religieuse, était une atteinte portée à la prérogative royale ; enfin, l'on a prétendu que la faculté laissée aux religieuses de disposer du quart de leurs biens au profit de leur communauté, était un moyen de dépouiller les familles au profit des établissemens de main-morte, et l'on a invoqué contre cette faculté les anciennes lois qui, dit-on, se tenaient sévèrement en garde contre la captation, sans cesse présumée dans les communautés, à l'égard des personnes qui en font partie.

» Telles sont les objections, si non dans les termes où elles ont été présentées, du moins dans un abrégé fidèle, et qu'on n'accusera pas de les avoir affaiblies ; voici maintenant les réponses : La première et là principale difficulté est celle qui s'élève sur la compétence. Est-ce au Roi seul ou à la réunion des trois pouvoirs, qu'appartient l'autorisation des communautés religieuses ? A cet égard, on observera d'abord que les divers objets qu'embrasse la législation, se divisent nécessairement en plusieurs classes régiés par des principes différens, et qu'on ne peut, sans se jeter dans le désordre et la confusion, appliquer à une classe les règles qui ont été faites pour une autre. Or, à quelle classe appartiennent les communautés religieuses ? Il faut bien, quoi qu'on en ait dit, reconnaître que parmi tous les objets dont la législation s'occupe, ceux avec lesquels ces communautés ont le plus de rapport, sont les associations. Or, à quel régime sont, en général, assujetties les associations ? La loi règle le mode de leur formation, leur capacité dans l'ordre civil, les conditions générales auxquelles elles sont soumises; mais quand il s'agit ensuite de donner l'existence à une association particulière, de vérifier si ses statuts sont admissibles, si son but est utile, si elle ne blesse aucun intérêt légitime, c'est au Roi seul, agissant par voie d'ordonnance, que ce soin este xclusivement confié.

» Maintenant, qu'est - ce qu'une communauté religieuse, sinon une association dans laquelle, comme dans tout autre, les membres qui la composent mettent en commun leur existence, leurs ressources, sous certaines conditions déterminées ? A la vérité, le caractère religieux des communautés, le but qu'elles se proposent, les services qu'elles rendent, doivent leur mériter plus d'intérêt, et plus de maturité et de circonspection dans les mesures préalables à leur établissement; et ne doit-on pas être rassuré contre toute crainte, lorsque le Roi, avant de rendre l'ordonnance d'autorisation, s'entoure de ses conseillers les plus expérimentés, appelle l'examen de l'évêque sur ce qui peut toucher à la religion, et celui de l'autorité locale sur ce qui peut avoir rapport aux droits civils ?

» On paraît redouter beaucoup la tendance des communautés religieuses à s'isoler et former dans la société une société particulière; mais il est facile de reconnaître combien cette inquiétude est mal fondée. Que l'on examine en effet, et l'on verra que dans le nombre des communautés religieuses existant aujourd'hui, l'immense majorité se compose des maisons de Sœurs de la Charité, qu'apparemment on n'accusera pas de s'isoler, et dont il n'est personne qui ne connaisse le costume, la vie et les statuts. La plupart des autres sont des communautés enseignantes, qui, quoique menant une vie plus retirée, ne renoncent au monde que pour lui être plus utiles, et se révèlent chaque jour à la société par les services qu'elles lui rendent, en se dévouant à l'éducation des pauvres. »

Enfin, sur 1,800 maisons qui existent en France, à peine cinquante se consacrent-elles à la vie contemplative ; et il suffit pour completter l'éloge des autres, de rappeler que chaque année, 140,000 malades sont assistés, et 120,000 enfans instruits par elles. Dans un tel état de choses, la crainte des abus ne saurait être un motif d'attribuer l'autorisation plutôt à la loi qu'à l'ordonnance. Mais on invoque les anciens usages de la monarchie : à cet égard, le ministre ne cherchera pas à engager une lutté inégale avec les jurisconsultes profonds qui l'ont précédé à la tribune ; mais il doit dire cependant, que des recherches assez étendues sur cette matière, lui ont fait reconnaître que la formalité de l'enregistrement ne donnait pas nécessairement le caractère législatif aux actes auxquels elle s'appliquait, et qu'elle était souvent employée pour des actes de pure administration.

» Ainsi des lettres-patentes enregistrées et vérifiées étaient nécessaires pour l'établissement d'un collége, d'une académie, d'une confrérie ; on prenait cette forme pour la publication des bulles, et quelquefois même pour des dispenses d'âge, toutes choses qu'apparemment on ne peut pas faire rentrer dans le domaine législatif, et que cependant on devrait y ramener pour être conséquent avec soi-même, si l'on pensait à regarder la formalité de l'enregistrement comme donnant le caractère de loi aux actes d'autorisation des communautés religieuses. Les anciens principes ne préjugeraient donc en rien la question. Mais pourquoi d'ailleurs établir sans cesse un parallèle entre l'ancien ordre des choses et le système actuel de notre Gouvernement, entre ces grands corps de magistrature, respectables sans doute par leurs lumières et leurs services, mais à qui la vérification préalable et l'enregistrement ne donnaient qu'une participation vague au pouvoir législatif, et les Chambres, qui non-seulement forment le conseil suprême du Monarque, mais sans l'assentiment desquelles aucune loi ne peut être rendue ? La vérification dans les parlemens, le droit de remontrances qui en était la suite, avaient pour but d'éclairer le Roi ; mais quand, après une mûre réflexion, il croyait devoir persister dans son opinion première, toute résistance devait céder, et son pouvoir suprême ne connaissait aucun obstacle. Telle est du moins la doctrine constante des auteurs les plus respectables, des publicistes les plus éclairés, depuis Etienne Pasquier jusqu'à l'immortel d'Aguesseau. Ainsi, point d'argument à tirer de l'ancienne législation.

» Mais, poursuit-on, la loi de 1817 et l'ordonnance qui en a été la suite, ont, du moins, résolu la question, et si quelque doute avait pu encore subsister, il aurait été levé par le résultat des discussions qui ont eu lieu sur cette matière dans les deux dernières sessions. A cet égard, il faut observer que lors de la discussion sur la loi de 1817, la question de compétence ne fut aucunement agitée. Le projet portait ces mots : *les établissemens ecclésiastiques légalement reconnus ;* on y substitua ceux-ci : *les établissemens ecclésiastiques reconnus par la loi.* Mais il est constant que cette substitution eut lieu sans que l'on approfondît aucunement la difficulté qui en résulte aujourd'hui. Peu de temps après la promulgation de la loi, le Roi, par une ordonnance du 2 avril, déclara que les communautés religieuses de femmes alors établies, se trouvaient comprises parmi les établissemens ecclésiastiques qui venaient de recevoir la capacité d'acquérir.

» Ici l'on pourrait placer une discussion grammaticale sur le sens de ces mots *reconnues par la loi*, et soutenir, avec quelque avantage, que ces expressions n'exigent pas formellement une loi particulière pour la reconnaissance de chaque établissement ecclésiastique, et indiquent seulement la nécessité d'une reconnaissance régulière, et conforme aux lois générales. Mais tout ce qu'il importe d'établir, c'est que la question n'a pas été discutée à fond à l'occasion de la loi de 1817. Elle le fut davantage en 1823 ; mais le désir manifesté par plusieurs Pairs, de voir donner des développemens plus étendus à la proposition alors présentée, ayant fait prendre une autre direction à la discussion, l'ajournement qui fut prononcé empêcha de connaître la véritable pensée de la Chambre sur la question en elle-même. A la session dernière, la difficulté fut traitée avec toute l'étendue qu'elle mérite. Mais d'autres argumens avaient aussi été employés contre le projet ; et ces argumens purent aussi entrer dans les motifs qui déterminèrent son rejet, à la majorité de deux voix seulement. On ne peut donc prétendre que l'opinion de la Chambre se soit clairement

2.

manifestée sur la question, et dès-lors il ne peut y avoir aucune inconvenance à la lui soumettre de nouveau. Ainsi tombe sur tous les points la première objection faite contre le projet actuel. La seconde est relative à l'attribution nouvelle donnée au Conseil-d'État et à l'état précaire de ce corps, dont l'existence n'offre, dit-on, aucune garantie de stabilité.

» Le ministre n'examinera pas ici la question de savoir si le Conseil-d'Etat est ou n'est pas une institution nécessaire, et s'il entre ou non dans le système de notre Gouvernement. Il lui suffit en ce moment de rappeler que des attributions importantes sont confiées par les lois à ce conseil. C'est ainsi qu'il est appelé à vérifier les bulles de la cour de Rome et les institutions canoniques, à juger des difficultés qui s'élèvent sur l'exercice des droits électoraux, à connaître des appels comme abus, et à prononcer sur un grand nombre d'affaires contentieuses. Ces attributions légales paraissent une garantie suffisante de sa conservation; mais si, contre toutes les apparences, il pouvait un jour cesser d'exister, il est évident qu'une loi deviendrait, à l'instant même, nécessaire pour transporter à une autre autorité ses importantes attributions; et celles qu'on propose aujourd'hui de lui donner, suivraient le sort de celles dont il est déjà investi.

» La chance si improbable dont on argumente, ne peut donc être d'aucune influence sur l'adoption du projet, et ainsi se trouve écartée la seconde objection proposée par les adversaires. La troisième n'a pas plus de force. On croit voir une atteinte portée à la prérogative royale, dans la résistance possible d'un évê-

que , à la suppression d'une communauté religieuse ;
mais une pareille mesure est assez grave pour qu'on
l'ait entourée de précautions qui prémunissent l'autorité , contre toute erreur possible. Pour éviter l'arbitraire , il faut , en général , entourer l'administration
de barrières qui la retiennent dans ses écarts , et qu'elle
ne puisse surmonter sans effort ; mais pour le gouvernement du Roi , l'on peut être sûr que de pareilles
barrières seront plutôt un appui qu'un obstacle. La
disposition que l'on attaque , a pour but de rendre les
suppressions des communautés difficiles , parce qu'elles
peuvent entraîner de graves inconvéniens. On a exigé
le consentement de l'évêque , parce que la matière est
mixte de sa nature , et touche également à la religion
et à l'administration civile.

» Si les motifs de la suppression sont justes ; il faut
croire qu'elle sera toujours consentie par l'évêque ;
mais s'il en était autrement , s'il se manifestait une résistance , dont à la longue on finirait toujours par
triompher ; aurait - elle donc plus d'inconvénient en
cette matière , que dans d'autres cas où elle peut également se présenter ; dans le cas , par exemple , où le
Roi jugeant à propos de changer la circonscription
d'un diocèse , l'évêque titulaire refuserait d'y consen-
tir ? Au surplus , en supposant même que cette résistance fût un obstacle insurmontable , elle ne porterait
aucune atteinte à la dignité de la couronne , puisque
cette limitation de l'autorité royale , résulterait de la
loi , et non de l'empiétement d'aucune autre autorité.
Reste la dernière objection , relative à la faculté laissée aux religieuses , de disposer du quart de leurs
biens , au profit de la communauté.

» Le ministre comprendrait facilement que l'on trouvât trop sévère, la restriction imposée pour tous les cas à la capacité des religieuses, et que l'on désirât des gradations établies sur le nombre et la qualité des héritiers ; mais il ne conçoit pas que l'on veuille leur refuser la libre disposition de cette faible portion de leur fortune.

» Dans l'état actuel, l'origine du plus grand nombre des communautés existantes en France, remontant à une époque antérieure à la loi de 1817, ces communautés se trouvent par suite, autorisées à recueillir des libéralités, et les religieuses qui en font partie, jouissent du droit illimité de disposer en leur faveur, des biens qu'elles possèdent. Pour déterminer le Gouvernement à proposer de changer leur position, et de limiter leurs droits par une restriction jusqu'alors inusitée, il n'a fallu rien moins que les considérations puissantes que l'année dernière on a fait valoir dans l'intérêt des familles. C'est dans le même intérêt, que l'on réclame aujourd'hui une prohibition absolue : mais qu'on cesse de s'inquiéter sur les résultats probables des libéralités que l'on veut proscrire.

» Les donations entre-vifs sont rares, parce que l'on n'aime pas à se dépouiller de son vivant ; les libéralités par testament sont plus nombreuses ; mais elles sont loin de présenter l'importance qu'on leur suppose. Dans le cours de l'année dernière, la somme totale des legs faits aux maisons religieuses de femmes légalement autorisées, ne s'est élevée qu'à 80,000 fr., ce qui donne à - peu - près pour chacune, une somme moyenne de 30 fr., et dans cette somme totale de 80,000 fr., les legs faits par des religieuses, n'ont pas dépassé la somme de 3,000 fr.

» On s'exagère donc la richesse des communautés et les accroissemens dont elle est susceptible; la plupart d'entr'elles sont pauvres, et celles qui paraissent avoir quelque aisance, ne se soutiennent que par les bienfaits d'une seule religieuse riche qui en fait partie. Si vous interdisez à cette religieuse, toute disposition en faveur de l'établissement qu'elle a fondé, vous le condamnerez à périr avec elle ; cet état de choses indique suffisamment qu'on ne saurait craindre l'excès des libéralités; mais quelques personnes ont parlé de la mort civile, appliquée aux religieuses, et ont paru regretter de ne pas la voir établie dans le projet de loi.

» Ici, le ministre observera que la disposition qui établirait la mort civile pour les religieuses, serait une mesure grave, et qui demanderait de sérieuses réflexions. La mort civile est un joug qu'on peut s'imposer volontairement, mais auquel on n'a pas droit de vous soumettre. La plupart des communautés actuelles se sont formées sous l'empire d'une loi qui n'admettait pas cette privation de toute capacité civile; il y aurait peut-être quelqu'inhumanité à l'imposer aux membres de ces communautés, qui ne sont entrés en religion, qu'avec la certitude de conserver la disposition de leurs biens. Cette mort civile, au surplus, que l'on représente comme le droit commun des communautés religieuses, ne leur a pas toujours été appliquée. Dans le temps de la primitive Eglise, elle était entièrement inconnue. Justinien, le premier, mit en vigueur ce principe, que le religieux acquérait pour son couvent; plus tard, quelques ordres s'imposèrent ce renoncement absolu au monde, qui constitue la mort civile ; d'autres suivirent leur exemple, et sous François I.er seulement, ce qui n'était qu'une observance religieuse, devint une loi généralement adoptée.

» Cette loi était alors l'expression de l'état des choses, aujourd'hui ce serait un acte violent, et que rien ne pourrait motiver. Peut - être un jour viendra, où les circonstances nous ramèneront à ce que nos pères avaient adopté ; mais laissons faire le temps, le premier, le plus puissant des législateurs. Attendons qu'il s'explique, et n'allons pas compromettre des établissemens qui ne font que renaître, en leur appliquant des mesures qui ne sont devenues nécessaires que pour des établissemens déjà consolidés par une longue durée. Tout renaît, tout se répare dans notre patrie ; tout recommence ; mais sous des formes différentes : la magistrature, la noblesse, le clergé, tout a pris une apparence nouvelle ; la royauté elle-même, toujours brillante, et capable d'entraîner tous les cœurs, a modifié le système dans lequel elle exerce son action bienfaisante, les institutions qu'elle a données se perfectionnent et s'améliorent chaque jour, pourquoi voudrait-on qu'il n'en fût pas de même des établissemens religieux ? A peine ils reparaissent depuis quelques années ; contentons-nous de concourir à leurs progrès, et laissons à ceux qui doivent nous succéder, le soin de compléter notre ouvrage. »

Le ministre insista pour l'adoption du projet de loi.

(1) *Congrégations religieuses de femmes.* Ces congrégations ne sont point des établissemens ecclésiastiques, ainsi que le fit remarquer Mgr l'évêque d'Hermopolis. *Vide infrà.*

Dans l'Exposé des Motifs à la Chambre des Députés

(Séance du 17 mars, Mon. n. 77), le même ministre
s'exprima ainsi :

« La France, Messieurs, a le bonheur de posséder
dans son sein un assez grand nombre de ces établis-
sèmens non moins chers à la société par leurs services, qu'à la religion par leurs vertus. Enseignantes
ou hospitalières, et souvent l'un et l'autre à-la-fois,
ces pieuses corporations se consacrent à l'instruction
de l'enfance ou bien au soulagement de l'humanité. Cette vertu céleste qui est le caractère du vrai
chrétien, la charité, leur donne des entrailles ma-
ternelles pour tout ce qui est faible, souffrant ou
malheureux, et leur inspire, pour le bien de leurs
semblables, un dévouement dont l'héroïsme, à force
d'être commun, n'excite presque plus notre ad-
miration.

» Voyez, Messieurs, comme elles sont dans le cas
de payer avec usure, par d'inappréciables bienfaits,
la protection qu'elles peuvent recevoir de la loi.

» D'après des calculs que j'ai tout lieu de croire bien
fondés, plus de cent quarante mille malades sont se-
courus, par leur tendre sollicitude, dans les hôpitaux
ou bien à domicile; cent vingt mille enfans des classes
inférieures du peuple, sont instruits gratuitement par
leurs soins, et plus de cent mille, pris dans les rangs
les plus élevés, reçoivent, dans des pensionnats dirigés par elles, une éducation mieux étendue, j'ose le
dire, qu'elle ne l'était autrefois. Là, on les plie de
bonne heure à de louables habitudes qu'elles portent
ensuite dans le monde; on les forme à une piété
douce et ferme tout ensemble, qui sait allier les bien-
séances aux devoirs, et sera la meilleure sauve-garde

de leur vertu dans la saison des passions orageuses, comme leur plus solide consolation au milieu des peines inévitables qui les attendent dans la carrière de la vie. Ne pourrais-je pas en appeler ici, avec confiance, à plusieurs des pères de famille qui m'entendent, et leur demander s'ils n'ont pas eu à se féliciter d'avoir confié leurs filles à ces pieuses et sages institutrices ?

» Mais, parmi ces congrégations sur lesquelles je viens appeler l'attention de la Chambre, n'en est-il pas qui, étrangères aux choses humaines, vivent dans une solitude profonde, partagées uniquement entre la prière et le travail ? Messieurs, il n'en existe que deux de ce genre ; encore leurs établissemens sont-ils peu nombreux. Ici, au reste, loin de nous le mépris et le dédain ; et gardons-nous de les regarder comme inutiles. A côté de grands scandales, il faut de grands exemples ; les grands crimes appellent de grandes expiations. L'esprit du chrétien se repose avec confiance sur ces victimes solitaires de la piété, qui, loin d'un monde profane, semblent s'interposer entre le ciel irrité et la terre coupable. Laissons des asiles à l'innocence alarmée comme au vice repentant. Que les Thérèse puissent s'y livrer en paix à toute l'ardeur de leurs pieux désirs, et les Lavallière y gémir sur leurs égaremens !

» Souvent aussi qu'arrive-t-il ? c'est qu'après les agitations du monde, ou des infortunes domestiques, ou l'expérience personnelle de la vanité et du néant des grandeurs humaines, un besoin immense de repos et de solitude se fait sentir ; on veut fuir un monde qui a trompé tant d'espérances, et qui semble crouler de toutes parts. Aussi, dans tous les temps, a-t-on vu des dames illustres quitter le fracas du siècle pour le calme de la solitude : témoins, au cinquième âge de l'Eglise chrétienne, ces dames romaines célébrées par saint Jérôme, et qui descendaient des Scipion et des Paul Emile ; sous le règne de Louis XIII, les Frémiot de Chantal et les duchesses de Montmorency ; et, de nos jours, les Louise de Bourbon et les Louise de Condé. Sachons respecter ce qu'ont respecté tous les âges du Christianisme. »

(2) *Etablissement.* Il y a une grande différence entre le cas où il s'agit d'établir une congrégation religieuse, et le cas où il s'agit de former un établissement dépendant de cette congrégation déjà autorisée. *Vide* ce qui sera dit à cet égard sur l'art. 3.

La loi de 1817, dit le Rapporteur de la Commission des Députés, régla le passé ; elle fut incomplète pour l'avenir. Le Roi, dans sa sagesse, a voulu donner à tous les établissemens religieux une existence stable et régulière, assurer à la France tous les avantages que pourrait lui offrir dans la suite l'établissement des congrégations nouvelles, et prévenir en même temps les abus qu'on pourrait craindre, tant dans l'intérêt de la société que dans celui des congrégations elles-mêmes.

(3) *Dans les articles suivans.* On ne proposa aucun amendement sur cet article, sa disposition n'ayant paru susceptible d'aucune difficulté ; toutefois, M. le comte Lanjuinais, Pair, fut d'avis que son adoption, quoique peu importante en elle-même, pourrait gêner

la conscience de plusieurs membres qui la regardaient comme une sorte d'adhésion au système du projet, développé dans les art. 2, 3 et 4. Il proposa d'ouvrir simultanément la délibération sur ces trois articles, ou ce qui, selon lui, serait à-la-fois et plus franc et plus simple, de mettre d'abord aux voix la question de principe sur laquelle on se divisait, savoir : si les communautés religieuses de femmes seraient autorisées par voie législative ou par voie d'ordonnance. M. le président ayant fait observer que ce n'était point sur une question de principe abstractivement posée, mais sur les termes de la proposition royale, que la Chambre était appelée à délibérer, l'article fut adopté dans les termes du projet.

### ARTICLE 2. *

Aucune congrégation religieuse de femmes, ne sera autorisée qu'après que ses statuts, dûment approuvés par l'évêque diocésain (1), auront été vérifiés et enregistrés au Conseil-d'Etat (2), en la forme requise pour les bulles d'institution canonique (3). Ces statuts ne pourront être approuvés et enregistrés, s'ils ne contiennent la clause que la congrégation est soumise dans les choses spirituelles à la juridiction de l'ordinaire (4).

Après la vérification et l'enregistrement, l'autorisation sera accordée par une loi (5) à celles de ces congrégations qui n'existaient pas au 1.er janvier 1825. A l'égard de celles de ces

congrégations qui existaient antérieurement au
1.er janvier 1825, l'autorisation sera accordée
par une ordonnance du Roi (6).

————

*Dans le projet, l'art. 2 était ainsi conçu : « Aucune
congrégation religieuse de femmes ne sera autorisée
qu'après que ses statuts , duement approuvés par
l'évêque diocésain , auront été vérifiés et enregistrés
au Conseil-d'Etat en la forme requise pour les bulles
d'institution canonique.

» Ces statuts ne pourront être approuvés et enregistrés s'ils ne contiennent la clause que la congrégation est soumise, dans les choses spirituelles, à la
juridiction de l'ordinaire.

» Après la vérification et l'enregistrement, l'autorisation sera accordée à la congrégation par ordonnance du Roi. »

M. le baron Pasquier demanda à présenter sur cet
article, quelques réflexions : « C'est pour obéir au sentiment impérieux d'une intime conviction, que le noble
Pair se détermina à reproduire encore des observations et des raisonnemens déjà tant de fois présentés ;
non pourtant qu'il désapprouve, il regarde au contraire, comme éminemment utiles, ces discussions
successives, à l'aide desquelles les questions s'éclair-
cissent, les opinions se forment, et les bonnes lois se
préparent. En partant de ce principe, il croit devoir
renouveler, dans l'intérêt des communautés religieuses, deux propositions faites à la Chambre, dans la
session précédente.

On demanda d'une part, qu'en laissant dans le do-

maine des ordonnances, l'autorisation des maisons affi-
liées à des communautés déjà reconnues, on réservât
au pouvoir législatif, le droit de reconnaître les instituts nouveaux qui pourraient se présenter. On proposa
d'un autre côté, et pour régulariser sur-le-champ
l'existence des maisons provisoirement établies depuis
la loi de 1817, de les reconnaître, sans exiger de
nouvelles formalités, et de n'appliquer la loi nouvelle
qu'aux maisons qui demanderaient plus tard à se former. Ce sont deux propositions que le noble Pair croit
devoir reproduire aujourd'hui, en les réunissant dans
un seul amendement applicable à l'article 2, et qui
consisterait à changer dans le premier paragraphe, ces
mots : *aucune congrégation religieuse*, etc., en ceux-
ci : *aucune nouvelle congrégation religieuse*, etc. ; et à
substituer dans le dernier, à ces mots : *par ordonnance du Roi*, ceux-ci : *par une loi*. Cet amendement
ramenait, comme on le voit, la grande question de savoir si l'autorisation des communautés religieuses, est
un acte qui appartienne à l'autorité royale seule, ou
qui exige le concours des Chambres. Sans reprendre
dans son ensemble, cette question déjà si souvent et
si habilement traitée, le noble Pair se borna pour la
résoudre, à quelques observations importantes. On
a dit, à l'appui du projet, que dans nos anciens
principes, la formalité de l'enregistrement, ne donnait pas nécessairement le caractère législatif, aux
actes qui y étaient soumis. Il est vrai qu'une assez
grande incertitude a toujours régné sur ce point ;
toutes nos institutions s'étant formées bien plus par
la tradition et l'usage, que par des règles fixes posées
à l'avance, il était difficile de reconnaître les limites

positives du pouvoir législatif et du pouvoir administratif.

Les peuples, autrefois, ne demandaient à leurs
princes que la justice, et peu leur importait de savoir
suivant quel mode elle leur était rendue. Le besoin de
formes tutélaires ne s'est fait sentir que plus tard;
mais c'est du trône que sont émanées les règles qui les
ont établies, et c'est à ses rois que la France a dû successivement la réforme de la législation, la garantie
de l'enregistrement, et plus tard, le pacte fondamental
qui fait aujourd'hui la base de ses institutions. Ainsi,
la France a toujours été ce qu'elle est aujourd'hui, la
plus légale et la plus régulière des monarchies : que
l'enregistrement fût ou non, une formalité essentiellement législative, toujours est-il que toutes les lois y
étaient soumises. Le but principal de cette formalité
était de prémunir l'autorité royale contre les surprises,
contre les erreurs où elle pouvait être entraînée. Mais
si ces erreurs ou ces surprises sont éminemment dangereuses dans les actes de la législation générale, elles
ont aussi de graves conséquences dans un grand nombre
d'actes dont l'effet, pour être moins étendu, n'en est
pas moins important; et, c'est par cette raison que
l'enregistrement était exigé, non-seulement pour les
lois générales, mais pour les actes de l'autorité royale
auxquels on avait donné le nom de lois privées,
*privatæ leges.*

L'érection des communautés était-elle rangée dans
cette classe, ainsi que porterait à le croire, la nécessité de l'enregistrement? c'est une question qu'il est
peut-être inutile d'examiner; il suffit d'observer qu'a-
lors on attachait une telle importance aux actes de cette

nature, qu'on les avait soumis à la forme la plus so-
lennelle. On pourrait en conclure, qu'aujourd'hui
que nos formes sont réglées à l'avance, et distinguées
de manière à éviter toute confusion, la forme législative est la seule admissible en cette matière; mais il
vaut mieux encore prouver que dans l'état actuel des
choses, cette forme est en effet préférable à toute
autre pour cet objet.

Or, qui peut disconvenir que ce soient les Chambres
qui offrent au plus haut degré, les garanties nécessaires et à la société et aux communautés elles-mêmes?
On parle du Conseil-d'Etat, et le projet a pour but de
lui confier désormais la vérification dont les parlemens étaient autrefois chargés. Mais, avant la Charte,
nos rois avaient aussi un Conseil-d'Etat, que son ina-
movibilité de fait rendait plus propre que le nôtre
à cette sorte d'attribution; et cependant, si le conseil
était chargé des travaux préparatoires pour la reconnaissance des communautés, la vérification des parlemens n'en était pas moins nécessaire pour donner aux
actes d'autorisation, la force dont ils avaient besoin.
Aujourd'hui, le Conseil-d'Etat, par la force des choses,
et par l'essence même du gouvernement représentatif,
se trouve sujet à de grandes variations, et à une amo-
vibilité qui ne permet pas de voir s'établir dans son
sein, la fixité de doctrines si importante en pareille
matière. Il faut en convenir: sans altérer en rien la
considération due à ceux qui le composent, son état
actuel ne lui donne pas, au moins dans l'opinion,
cette indépendance absolue que l'autorité royale elle-
même a besoin de trouver dans ceux qu'elle appelle
à son secours, pour se défendre de l'entraînement et

de la surprise. Si donc le trône ne trouvait pas autrefois un appui suffisant dans le Conseil-d'Etat, tel qu'il
était alors constitué, à plus forte raison, ne le trou-
vera-t-il pas dans le Conseil-d'Etat actuel. Mais, dit-
on, il a pourtant des attributions importantes et qui
lui sont propres; la loi l'appelle entr'autres choses, à
vérifier les bulles d'institution canonique, et à prononcer sur les appels comme d'abus. Si ces attributions importantes lui appartiennent en effet aujour-
d'hui, peut-on dire qu'elles devront lui être toujours
conservées? La vérification des bulles lui a été donnée
par une loi de l'an 8, dans un temps où la religion
sortait à peine de ses ruines, et où le chef de l'Etat
avait besoin de toute sa puissance pour recréer les
institutions religieuses que la révolution avait anéan-
ties. Peut-être sentira-t-on plus tard, que cette attribution conviendrait mieux à des corps indépendans,
et dont les doctrines seraient plus invariables. Quant
aux appels comme d'abus, l'influence du Gouvernement sur le Conseil-d'Etat, rend celui-ci propre à les
juger, et donne toujours lieu de craindre, ou qu'ils ne
soient pas réprimés, ou que la répression paraissant
être l'ouvrage de l'autorité royale, n'établisse entre
elle et l'autorité ecclésiastique, une lutte toujours pré-
judiciable à l'une et à l'autre.

» Le noble Pair doit à cette occasion, insister sur le
reproche fait au projet, de donner matière à de semblables luttes, dans le cas où la suppression d'une
communauté serait jugée nécessaire par le Roi, et ne
serait pas consentie par l'évêque diocésain. Un pareil
conflit entre les deux autorités ne peut être admis. Le
droit des évêques est sacré sans doute, pour tout ce

qui tient au spirituel ; et il n'entre dans la pensée de personne de l'attaquer ; mais pour tout ce qui a rapport à l'administration temporelle et aux capacités civiles, le droit du Roi doit demeurer intact et ne recevoir aucune entrave. La meilleure garantie que l'on puisse donner aux communautés, contre toute suppression arbitraire, la meilleure que la société puisse avoir contre tout établissement dangereux, est dans l'adoption des formes législatives et dans l'examen des Chambres.

» On doit donc tenir pour constant, que l'autorisation par la loi est préférable à l'autorisation par ordonnance, du moins pour les instituts nouveaux, dont la reconnaissance irréfléchie peut avoir des inconvéniens graves. Mais d'où peut venir l'opposition du gouvernement à ce système ? quel intérêt peut-il avoir à retenir dans sa main, le droit qu'il réclame avec tant de persévérance ? Un ministre a déclaré que le Gouvernement était sans intérêt dans la question, et il en a conclu que l'on devait adopter la loi proposée.

» Le noble Pair avoue qu'il en aurait tiré la conséquence contraire. Car, si l'autorité royale est désintéressée dans cette discussion ; si, comme il faut le reconnaître, elle doit s'exercer avec autant de dignité et de force par une loi que par une ordonnance ; pourquoi vouloir enlever la garantie de la loi à la société et aux communautés elles-mêmes ? Craindrait-on que la difficulté d'obtenir l'autorisation ne fût plus grande avec le concours des Chambres que sans ce concours ? Mais les communautés qui se montrent au grand jour, et qui soumettent leurs statuts à l'épreuve d'une discussion publique, ne sauraient avoir aucune crainte, et l'on peut se confier assez dans les sentimens religieux et monarchiques des Chambres, pour croire qu'elles ne refuseront jamais d'autoriser les établissemens utiles à l'État et à la religion. Le scrupule même que les Chambres pourront apporter dans leur examen, est d'ailleurs une garantie de plus contre l'extension illimitée du nombre des communautés religieuses, et contre les abus qui pourraient en certains cas en résulter. Mais, dit-on, ces abus ne sont point à craindre de la part des communautés de femmes, et c'est de celles-là seulement que le projet s'occupe. »

Cette distinction amena le noble Pair à s'expliquer avec franchise, sur un point qui peut-être était le nœud de toute la difficulté. Personne, en effet, ne redoute l'établissement des communautés de femmes. Leur esprit sédentaire, calme, patient, ne permet pas de craindre qu'elles veuillent jamais sortir du cercle qui leur est tracé ; mais il n'en est pas de même des communautés d'hommes : si la plupart ont rendu de grands services par la pratique d'une charité fervente, par la culture des sciences, par le défrichement des terres ; il faut convenir que d'autres ont méconnu leurs devoirs envers l'État qui les avait reçus dans son sein. L'esprit actif des communautés d'hommes, leur soumission à une volonté quelquefois étrangère au pays, peuvent amener des abus, et de bons esprits s'inquiètent de la possibilité de les voir reparaître à la suite des communautés de femmes.

A la vérité, le projet n'en parle pas ; mais le principe une fois posé, comme il n'existe en définitif aucun motif réel de distinction, on craint d'en voir tirer un argument pour demander l'autorisation des communautés d'hommes, par voie d'ordonnance; et que pourrait-on alors répondre à une pareille induction ? Si, au contraire, le principe de la nécessité d'une loi est maintenu pour les communautés de femmes, aucun doute ne pourra plus s'élever à l'égard des communautés d'hommes, et l'on ne craindra plus de voir reconnaître, sans un examen solennel, celles qui renaissent aujourd'hui, et dont l'existence repose sur les mêmes moyens dont on a signalé l'abus par les communautés de femmes. Pourquoi, si l'on n'a aucune arrière-pensée, ne pas proposer aujourd'hui pour les uns, ce qu'on juge utile pour les autres ? Pourquoi ne pas exiger qu'elles se produisent au grand jour, si elles sont utiles, ou qu'elles cessent d'exister si elles sont dangereuses ? En résumé, l'amendement proposé sur l'article 2, consacre un principe salutaire, en exigeant à l'avenir, la sanction de la loi pour tous les instituts nouveaux. Il satisfait aux exigences du moment, en donnant une existence régulière à toutes les communautés déjà établies.

A ce double titre, le noble Pair en réclama l'adoption. Il appuia d'ailleurs celle de toutes les dispositions favorables aux communautés, que le projet contenait ou que l'on proposerait d'y introduire.

Le rapporteur de la Commission des Pairs ( M. le duc Mathieu de Montmorency ), ayant fait remarquer la nécessité de se conformer à l'usage constant de la Chambre, qui veut que l'on ne délibère sur un amendement, qu'après qu'il a été rédigé par son auteur, d'une manière précise, M. le baron Pasquier s'occupa de cette rédaction; et dans la séance du 7 février ( Monit. n. 40 ), il exposa : « Qu'en maintenant

l'idée principale qu'il avait émise et développée à la
dernière séance, il s'était efforcé de donner à sa rédaction toute la clarté, toute la précision qu'exigeaient
et l'importance de la matière et la nécessité de régulariser une législation sur l'insuffisance et sur les vices
de laquelle toutes les opinions étaient d'accord. On
convient généralement, en effet, dit-il, que toutes les
communautés établies antérieurement à 1817, jouissent
aujourd'hui d'une existence légale, et cependant aucune disposition formelle ne la leur a donnée ; leur
reconnaissance ne repose que sur l'autorité des décrets d'autorisation et sur une induction tirée de la
loi du 2 janvier. La rédaction proposée remédie pour
l'avenir à l'inconvénient qui résultait de l'obscurité
de la législation sur ce point.

» On avait fait à l'amendement le reproche de forcer
en quelque sorte le Gouvernement, par une autorisation donnée en masse, à reconnaître des communautés
dont l'établissement n'entrerait aucunement dans ses
vues. La rédaction lève cette difficulté, en exigeant
une ordonnance pour les communautés mêmes qui
existent aujourd'hui. Enfin, elle satisfait à tous les
intérêts en consacrant ce qui a été fait, et conserve
le principe, en statuant qu'à l'avenir l'autorisation
des instituts nouveaux devra faire l'objet d'une loi.
Il espère donc que la Chambre voudra bien l'accueillir dans les termes où il la présente, et qui sont
les suivans :

« Aucune congrégation religieuse de femmes ne
» sera autorisée, qu'après que ses statuts, dûment
» approuvés, etc. ( comme dans l'article de la loi ). »

M. Lanjuinais, Pair, demanda à combattre cet

amendement, non pas qu'il ne le trouvât préférable au projet de loi, mais parce qu'il reposerait comme lui, sur un faux principe et qu'il conduirait en définitive au même résultat. Il existe, en effet, en France soixante-quatre maisons chefs d'Ordre. Comment croire que les communautés nouvelles qui voudraient s'établir, commissent la faute de s'exposer aux chances d'une discussion publique dans les Chambres, pour le seul motif de se donner une règle nouvelle? Toutes, on peut le penser, adopteront un des instituts déjà autorisés, et ainsi le droit des Chambres se trouvera anéanti par le seul fait. L'amendement, en ce point, n'est donc autre chose que le projet représenté sous une autre forme; il a de plus l'inconvénient d'autoriser définitivement tous les instituts déjà établis, sans connaître aucunement ni leur règle ni leurs statuts. Le noble Pair en vota le rejet pur et simple.

Mgr le Garde des Sceaux, parlant contre l'amendement dont il s'agit, prononça un discours qui porte l'empreinte du talent dont Sa Grandeur a fait preuve tant de fois. Nous croyons devoir le rétablir ici dans toute sa substance :

« Au point où la discussion est parvenue, dit-il, je dois m'interdire tous les moyens de considération, et m'en tenir à une discussion rapide, à des preuves claires, à des argumentations précises. Mon intention cependant n'est pas de me borner à l'examen de l'amendement particulier qu'on propose en ce moment, et qui, s'il était rejeté, pourrait être immédiatement remplacé par un autre. C'est le fonds même de la question que je dois aborder, afin de faire tomber en même temps toutes les propositions que l'on voudrait substituer au système du projet.

» Les adversaires de ce système peuvent embrasser trois opinions différentes ; ils peuvent distinguer entre les établissemens principaux et les établissemens affiliés, afin de réserver l'autorisation des premiers au pouvoir législatif, en abandonnant à l'ordonnance le droit de reconnaître les autres : ils peuvent encore distingue rentre le passé et l'avenir, en statuant qu'une ordonnance suffira pour toutes les communautés déjà établies, et qu'une loi ne sera nécessaire que pour les communautés qui s'établiraient à l'avenir ; ils peuvent enfin, dans le désir de ne rien laisser au pouvoir de l'ordonnance, et de régulariser cependant ce qui existe, demander que la loi consacre en masse toutes les communautés aujourd'hui établies, et qu'à l'avenir une loi soit nécessaire pour toutes les communautés nouvelles. Telle est l'idée générale des divers amendemens au moyen desquels on peut vouloir non pas améliorer, mais détruire le projet de loi. Il sera facile de prouver que ces divers systèmes sont défectueux et inadmissibles en eux-mêmes, et que d'ailleurs ils violent les principes certains, les principes nécessaires que l'on a toujours observés en France, et qui, s'ils ont été mis en oubli par la loi de 1817, peuvent et doivent ici reprendre leur empire, et recevoir une utile application. Parmi les vices de ces divers systèmes, il en est qui sont communs à tous, il en est d'autres qui sont particuliers à chacun d'eux.

» Un de ceux qui s'appliquent à tous, est la contradiction évidente qui existe entre la doctrine de ceux qui la proposent, et l'application qu'ils en veulent faire. Que disent-ils, en effet ? que l'autorisation des communautés religieuses est et a toujours été sans exception une matière législative. Et que proposent-ils cependant? ou de distinguer entre les congrégations et les simples établissemens, et de diviser à raison des temps les communautés en deux classes, ou d'attribuer dans ces deux hypothèses à l'ordonnance une partie de ce qu'ils soutiennent être du domaine législatif. Mais cette contradiction n'est pas l'inconvénient capital de ces systèmes. Un danger plus grand est de préparer à l'avance la violation de la loi nouvelle, et l'autorisation, sans aucun examen, de toutes les communautés qui s'établiraient dans la suite. Toute disposition qui consacrerait la nécessité d'une loi pour les communautés de femmes ne serait, en effet, autre chose que le renouvellement de la loi de 1817. Or, qu'est-il arrivé après la promulgation de cette loi? les difficultés graves que son exécution entraînerait, la répugnance des fondateurs d'établissemens à se soumettre aux périls d'une discussion publique, ont fait qu'aucune autorisation législative n'a pu être demandée aux deux Chambres. Cependant l'établissement des maisons nouvelles n'a pas été suspendu pour cela ; des communautés se sont formées, les contrats sous des noms supposés, les fidéi-commis, se sont multipliés ; les abus que la loi voulait prévenir se sont accrus ; tous les bons esprits en ont été frappés, et se sont occupés d'y chercher un remède ; celui que le Gouvernement a cru le plus efficace a été la disposition du projet.

« Les adversaires reconnaissent que la loi de 1817 n'a pas atteint son but, et que son exécution complette serait aujourd'hui impossible, et cependant ils ne proposent rien autre chose que ce qui fut fait alors. Comment pourraient-ils espérer un résultat différent

d'une mesure absolument semblable? Lorsqu'après
une reconnaissance en masse des communautés aujourd'hui existantes, on aura établi la nécessité d'une
loi pour les autres, c'est-à-dire, lorsque la loi de 1817
aura été remise en vigueur, les mêmes difficultés se
reproduiront et amèneront la même inexécution de
la loi ; les mêmes abus reparaîtront, et dans quelques
années le Gouvernement se trouvera précisément dans
la même position qu'aujourd'hui. Pour en sortir, la
route sera déjà frayée et l'on aura recours à une nouvelle régularisation de tout le passé, c'est-à-dire que
l'on se trouvera ainsi conduit à une reconnaissance
définitive de toutes les communautés, sans aucun examen, sans aucune des garanties que le projet offre à
la société. Un autre inconvénient commun encore à
ces divers systèmes, est de soumettre des établissemens parfaitement analogues, les uns au régime de
la loi, les autres à celui de l'ordonnance, à raison de
circonstances qui ne devraient pas avoir cet effet.
On observe, à l'appui de l'autorisation par une loi,
qu'il est important de laisser au pouvoir législatif
toute sa plénitude, et de ne point le priver de ses
attributions essentielles. Mais, est-ce bien une attribution nécessaire de ce pouvoir, que l'autorisation des
communautés religieuses? On conçoit que lorsqu'il
s'agit de régler les conditions générales de l'existence
des communautés, leur capacité civile, le mode et les
effets de leur suppression, l'intervention des Chambres soit indispensable; mais, est-il nécessaire, est-il
même convenable, de les appeler à prononcer sur
l'établissement des maisons particulières? Si ces
questions de détail leur sont livrées, comment procé-

deront-elles dans ce nouveau travail ? Si les diverses autorisations leur sont présentées en masse, quel sera, pour les intéressés, le moyen de réclamer et de se faire entendre ? Si, au contraire, chaque autorisation est examinée séparément, dans quelle forme, dans quels détails seront reçues les oppositions des particuliers ?

» Les Chambres, contre tous les principes, en demeureront-elles juges ? renverront-elles à l'autorité administrative, dont la décision deviendrait alors en quelque sorte obligatoire pour le pouvoir législatif ? Telles sont les difficultés inextricables dans lesquelles les Chambres se trouvent jetées par le système de l'autorisation législative. Les amendemens sous ce rapport sont donc inadmissibles. Celui que l'on propose aujourd'hui le serait particulièrement à raison des facilités qu'il présenterait pour éluder la loi. Si, en effet, on distingue entre les établissemens et les congrégations, il est évident que les congrégations nouvelles trouveront toujours moyen de se faire considérer comme simples établissemens, afin d'échapper à la discussion des Chambres. L'amendement n'atteindrait donc pas son but, et serait réellement sans intérêt. Celui qui se bornerait à consacrer par la loi tout ce qui a été fait jusqu'à ce jour, présenterait aussi l'inconvénient de confirmer aveuglément tous les abus que la loi de 1817 a occasionnés, et dont on se plaint si vivement. Ces divers systèmes, soit qu'on les considère en général, soit qu'on les examine en particulier, ne peuvent donc soutenir la discussion.

» Il reste à prouver que leur admission consacrerait la violation manifeste des principes les plus certains de notre droit public sur la division des pouvoirs.

A cet égard, il faut observer d'abord que le projet n'accorde pas à l'administration une latitude aussi grande qu'ont paru le croire quelques-uns des orateurs entendus dans le cours de la discusssion. Il ne s'agit plus de laisser le Gouvernement libre d'accorder aux communautés nouvelles, avec une existence légale, toutes les capacités civiles, tous les droits qu'il jugerait à propos. Tel était le reproche que l'on pouvait adresser au projet rejeté par la Chambre dans sa dernière session ; mais il ne saurait s'appliquer au projet actuel, qui pose des règles fixes, établit des conditions, détermine l'étendue des capacités, et ne laisse ensuite au Gouvernement que l'application et la mise en action des principes reconnus. Ceci expliqué, il faut voir quelle est précisément la limite du pouvoir administratif, afin de reconnaître de quel côté doit être rangée l'autorisation des communautés religieuses. Car, qu'est-ce qu'une loi ? C'est une disposition qui s'applique à l'universalité des intérêts d'un pays, ou qui au moins intéresse une universalité de choses ou de personnes. Ainsi définie, la loi ne peut évidemment s'appliquer aux communautés religieuses, que pour la détermination des règles générales. Mais, dit-on, on a toujours reconnu deux espèces de lois ; les lois générales et celles qui ne s'appliquant qu'à des intérêts moins étendus s'appelaient *privatæ leges*.

» Cette distinction est juste ; mais les lois qui formaient la seconde classe n'avaient elles-mêmes le caractère de lois que parce qu'elles intéressaient une universalité de personnes, et jamais on n'a pensé à donner ce nom aux actes qui ne réglaient que des intérêts individuels, comme sont ceux d'une communauté religieuse isolément considérée.

» Ainsi la disposition qui règle l'état des citoyens de tout le royaume est une loi générale ; celle qui s'applique seulement à une province ou à une ville, est encore une loi, mais une loi privée ; celle enfin qui prononce sur les droits d'un particulier, est un acte de pure administration, surtout si elle est rendue en vertu d'une disposition générale préexistante. Mais, dira-t-on peut-être, il s'agit ici non des intérêts d'un individu, mais de ceux d'une aggrégation : une loi est donc nécessaire. Cette conséquence n'est pas exacte ; une association d'individus ne constitue pas une universalité, et ne forme qu'un être collectif, qu'un seul individu moral. C'est d'ailleurs ici le cas de rappeler l'analogie que l'on a tirée en faveur du projet, des principes certains qui régissent toutes les associations. Il faut bien convenir que les communautés ont des points nombreux de contact avec les autres associations, au moins sous le rapport des intérêts matériels et de l'existence civile, le seul sous lequel la loi puisse s'occuper des communautés religieuses.

» On fait valoir, à la vérité, des différences saillantes qui se rencontrent entre la plupart des associations civiles et les communautés, relativement à la perpétuité et à la capacité de celles-ci. Mais aurait-on oublié que d'autres établissemens, les Sociétés de bienfaisance, par exemple, et les hôpitaux, ont également ce caractère de perpétuité, et cette capacité de recevoir et de posséder, qui distinguent les communautés religieuses, sans que pour cela on ait jamais songé à demander une loi pour en autoriser la fondation ? Les principes généraux, les simples lumières de la raison conduisent donc à penser que la matière dont il s'agit, n'est point législative. Mais on arrive au même résultat, par l'examen de nos usages anciens et modernes.

» Veut-on, en effet, consulter la législation antérieure à 1789 ? que l'on ouvre l'édit de 1749, qui n'est que la confirmation des édits plus anciens, et par conséquent dispense d'y recourir ; non-seulement on y verra que l'autorisation des communautés était accordée par lettres-patentes, sujettes à la formalité de l'enregistrement, et qui, comme on l'a prouvé, n'était pas un caractère essentiellement législatif; mais on remarquera dans les formalités prescrites, des différences sensibles avec ce qui s'observait pour les lois. Les édits généraux, en effet, lorsqu'ils étaient envoyés aux cours souveraines, étaient transmis aux procureurs généraux, avec injonction précise et formelle d'en requérir l'enregistrement. Ici, les procureurs-généraux pouvaient requérir ce qu'ils jugeaient à propos. D'un autre côté, ils étaient chargés de communiquer les lettres-patentes aux corps municipaux, aux syndics des divers corps et même au seigneur des lieux dans lesquels la communauté demandait à s'établir. Enfin, les simples citoyens étaient autorisés à former opposition, même après la vérification de l'enregistrement; toutes formes absolument incompatibles avec l'idée d'une loi, et qui, cependant, étaient prescrites sous peine de nullité.

Si, des usages anciens on passe au droit intermédiaire, on verra que les deux principaux actes relatifs à cette matière, les décrets de l'an 12 et de 1809, ont tous deux statué que l'autorisation serait accordée par décret; et c'est ici le cas de remarquer que l'on s'est mépris sur le motif qui avait déterminé , en 1817, à considérer comme régulièrement établies, toutes les maisons qui avaient été jusqu'alors provisoirement autorisées. Ce n'est pas parce que les décrets d'autorisation avaient acquis force de loi par défaut de recours ; ce motif eût été inapplicable aux autorisations postérieures à 1814 ; mais bien parce que ce mode d'autorisation était formellement établi par la législation alors en vigueur.

» La loi de 1817 , il est vrai , a changé cet état de choses , et quoiqu'on pût soutenir le contraire , sans trop de désavantage , le ministre se fait un devoir de reconnaître que les communautés religieuses étaient comprises dans la disposition de cette loi. Aussi, est-ce une exception à cette disposition , que le Gouvernement réclame aujourd'hui pour les communautés de femmes seulement , et il pense que cette déclaration franche, doit calmer toutes les craintes qu'on a manifestées sur les conséquences possibles du projet actuel à l'égard de communautés d'hommes. La présentation du projet actuel, consacre en effet la nécessité où le gouvernement serait, de présenter un projet nouveau, si jamais il avait la pensée qu'il peut être bon d'appliquer aux communautés d'hommes, la disposition qu'il croit aujourd'hui indispensable pour les communautés de femmes. Ainsi , dans ce cas , les Chambres seraient appelées à examiner si les congrégations d'hommes sont utiles ; quelles règles générales il convient de leur imposer, et si le droit de les reconnaître doit être abandonné au Roi, ou réservé au pouvoir législatif.

» La haute sagesse des Chambres , leur zèle pour le

bien de l'Etat, et leur attachement invariable aux grands principes de la monarchie, garantit assez que sur tous ces points, leur décision serait conforme aux véritables intérêts du pays. On ne saurait donc concevoir sur ce point, aucune alarme fondée. En résumé, les amendemens divers que l'on pourrait proposer, et particulièrement celui qui fait en ce moment l'objet de la discussion, sont contradictoires avec eux-mêmes et avec les vrais principes de la matière. L'article du projet est conçu dans un système juste et raisonnable. Le ministre espère que la Chambre se déterminera à rejeter l'amendement, et à adopter l'article qui, en réalité, constitue la loi tout entière. »

Néanmoins l'amendement fut adopté à la majorité de 115 voix contre 100.

(1) *Par l'évêque diocésain.* S'agit-il d'une congrégation qui demande à être reconnue dans l'Etat; il importe avant tout, dit l'Exposé des Motifs, de savoir quel en est le régime, quel en est l'esprit, quel but elle se propose. C'est ici une des matières mixtes, du ressort des deux autorités spirituelle et temporelle, de l'Eglise et de l'Etat. Il appartient aux dépositaires des doctrines sacrées, d'examiner si les statuts de la congrégation sont conformes à l'esprit du christianisme, et assez sagement conçus pour lui faire atteindre sa fin principale, celle de pratiquer pour le plus grand bien de ses membres, comme pour l'édification publique, les conseils évangéliques.

« L'intervention des évêques dans les affaires de l'Etat, n'est pas nouvelle en France, dit le rapporteur de la

Commission des Députés. Le clergé donna souvent d'habiles conseillers à la couronne, d'éloquens défenseurs aux libertés publiques...... La loi qui nous occupe fait sentir le besoin d'adjoindre aux délibérations du Conseil-d'Etat, un des membres du clergé. Par ce moyen, les lois sur les matières ecclésiastiques, sur les intérêts religieux, seront coordonnées avec les lois canoniques et les lois du royaume ; plus fortement combinées, elles acquerraient sur l'opinion une plus grande autorité.... On a cependant fait observer, dit encore le même rapporteur, qu'il pouvait y avoir de graves inconvéniens à laisser au seul évêque diocésain, l'examen de la partie spirituelle des statuts d'une congrégation.—Nous sommes tous pénétrés du plus profond respect pour le corps épiscopal de France. Il fut, dans tous les temps, ce qu'il est aujourd'hui, la gloire de l'Eglise, l'honneur de la patrie. Il suffirait seulement d'un seul évêque faible ou égaré, pour donner une approbation téméraire à des statuts nouveaux, contraires aux lois ou à la discipline de l'Eglise. C'est ce danger qui a décidé votre Commission à émettre le vœu de voir des ecclésiastiques appelés aux conseils de nos Rois. »

(2) *Conseil d'Etat.* Lorsqu'une corporation demande, en quelque sorte, à l'Etat le droit de cité, l'Etat est fondé à ne l'adopter, à ne lui accorder la protection de la loi, à ne lui permettre de jouir, comme corporation, des effets civils, qu'après une mûre délibération. Ainsi, porte l'Exposé des Motifs, la loi exigera comme condition indispensable, que les statuts déjà revêtus de la sanction de l'évêque compétent, soient

vérifiés et enregistrés au Conseil d'Etat. Même la vérification se fera dans les formes les plus rigoureuses,
celles qui sont d'usage pour les choses délicates, telles
que l'enregistrement des bulles d'institution canonique de nos premiers pasteurs.

Le deuxième paragraphe de cet article, dit M. Méchin, Député (séance du 6 avril, Mon. n. 97), remet
au Conseil d'Etat le soin de vérifier et d'enregistrer
les statuts des congrégations à approuver.—J'ai peine
à concevoir comment on peut séparer l'examen des
statuts, de la reconnaissance des congrégations. L'une
appartiendrait aux conseils de la couronne, tandis que
l'autre serait dévolue à la puissance législative. Il y a
là contradiction. Cette disposition, en harmonie avec
celle qui voulait que la loi s'en remît désormais à
l'ordonnance, du soin d'admettre des congrégations
religieuses de femmes, ne l'est plus avec la disposition qui exige l'autorité de la loi.—C'est, sans doute,
par distraction qu'une telle inconséquence vicie le
projet de loi.

(3) *L'institution canonique.* Voir pour cette forme,
ce qui sera dit, ci après, dans la secconde partie.

(4) *Juridiction de l'ordinaire.* L'Eglise gallicane est
amie du droit commun, dit Mgr l'évêque d'Hermopolis
( Exposé des Motifs) ; ce qui s'en écarte est peu dans
nos maximes et nos habitudes ; ainsi la loi portera
que les statuts ne seront enregistrés qu'autant qu'il y
sera déclaré que la congrégation est soumise, dans
les choses spirituelles, à la juridiction de l'ordinaire.

(5) *Par une loi.* La première question qui se présente à résoudre, dit l'Exposé des Motifs à la Ch. D.,

est une question de droit public français. Il importe, avant tout, de savoir à qui il appartient d'accorder aux communautés religieuses l'autorisation. Faut-il pour cela une loi; suffit-il d'une ordonnance ?

Si je consulte les faits, je trouve que, dès l'année 1808, époque où, après de longs et cruels déchiremens, la France cherchait le repos et commençait à revenir à des doctrines plus saines et plus sociales, on sentit le besoin de faire revivre, de favoriser les établissemens de ces Sœurs de la charité qui embrassent, dans leur sollicitude, toutes les douleurs et toutes les infortunes. Ce sentiment de protection et de bienveillance se développa de plus en plus, soit avant, soit après la restauration ; si bien que les seize premières années de ce siècle nous présentent beaucoup de communautés de diverses dénominations, autorisées non par une loi proprement dite, mais par décret ou par ordonnance.

Le Gouvernement était donc en possession de les autoriser, lorsque la loi du 2 janvier 1817 vint arrêter sa marche accoutumée ; elle accorda les effets civils *à tout établissement ecclésiastique reconnu par la loi :* ce sont ses propres paroles.

Depuis ce moment, le Roi s'est abstenu d'accorder des autorisations. Une longue et vive controverse s'est élevée à ce sujet. Enfin la Chambre des Pairs a cru devoir distinguer, pour l'avenir, une congrégation en général des maisons particulières qui pourront en faire partie, pour laisser l'autorisation de la première dans le domaine de la loi, et l'autorisation des secondes dans le domaine de l'ordonnance. Ainsi, qu'une congrégation nouvelle demande à s'établir, l'autorisation ne sera accordée que par une loi, et sur ce point, nous restons sous le régime de la loi du 2 janvier 1817. Mais aussi, libre des entraves bien ou mal entendues, qui avaient suspendu son action depuis sept ans, le Gouvernement pourra autoriser par ordonnance tous les établissemens particuliers d'une congrégation déjà reconnue.

(6) *Ordonnance du Roi.* Ce n'est qu'après que ces conditions nécessaires auront été remplies, que la congrégation pourra être autorisée par le Roi. Rappelons à ce sujet quelques maximes capitales, porte l'Exposé des Motifs : « Chaque forme de gouvernement, Messieurs, a son principe propre qui en est comme l'ame et la vie ; il faut qu'il se mêle à la combinaison des divers pouvoirs, aux institutions particulières, si l'on ne veut pas qu'il y ait, dans le corps politique, incohérence, embarras, violence, ou déchirement. Or, dans notre corps social, tel qu'il est constitué, le principe vital est évidemment monarchique ; c'est d'après cette considération que je ne reconnaîtrai au pouvoir royal d'autres limites que celles qui sont très-clairement déterminées, et que dans les questions plus ou moins douteuses, qui pourraient s'élever sur les attributions respectives des pouvoirs établis, je pencherais pour la couronne.

» Maintenant, je demande quelle règle précise, claire, fondamentale, s'oppose à ce que l'autorisation soit donnée par le Roi ? Pourquoi ne serait-elle pas mise au rang des actes de haute administration, qui sont du domaine des ordonnances ?

» Depuis, comme avant la restauration, le Gouvernement était en possession d'autoriser les associations religieuses de femmes, lorsque la loi du 2 janvier 1817 statua que *tout établissement ecclésiastique, reconnu par la loi*, serait capable des effets civils, sous certaines conditions.

» Ce n'est là qu'une disposition générale, dont l'application ne s'étend pas nécessairement au cas particulier des congrégations religieuses de femmes. Sans subtiliser sur les mots, mais plutôt, en les prenant dans leur véritable signification, on peut bien avancer que jamais, dans le langage de la jurisprudence civile et canonique, on n'a désigné sous le nom d'*établissement ecclésiastique* une association religieuse de femmes. On appellera de ce nom un évêché, un séminaire, un chapitre, une cure, une société de missionnaires, une réunion de prêtres libres attachés au service d'une paroisse, une société de docteurs, comme autrefois la Sorbonne ; mais jamais on n'a qualifié *établissement ecclésiastique* un couvent de carmélites, une maison de Sœurs de charité, pas même un monastère de chartreux ou de bénédictins.

» Que si nous consultons l'esprit général de la législation, nous trouvons que la loi a consacré le principe, qu'il pourrait exister en France des Sociétés de tous les genres, d'agriculture, de commerce, d'arts, de sciences, de charité, de bienfaisance, d'utilité publique, avec capacité pour la jouissance et l'exercice des droits civils. Or, dans qui la loi reconnaît-elle le pouvoir de créer ces sociétés, de leur donner dans l'État une existence légale ? c'est dans le Roi.

» Qu'une association soit industrielle, scientifique,

bienfaisante, religieuse, qu'importe : le but et les moyens sont divers ; le principe et son application sont les mêmes. La loi trace les règles générales ; le Roi les applique. Et certes, lorsque le pouvoir royal ne s'exerce que dans les limites déterminées par la loi, pour en prévenir les écarts, comme dans la circonstance présente, il me semble que la prudence humaine doit être satisfaite. Le législateur doit bien aller au-devant des abus probables ; il ne doit pas avoir la prétention de prévenir tout abus possible. Ce serait vouloir éviter ce que la faiblesse humaine rendra toujours inévitable.

» Une question fondamentale se présente la première, dit le Rapporteur de la Commission des Pairs ; c'est celle qui, depuis assez long-temps, divise beaucoup de bons esprits, qui a déjà été discutée dans la Chambre, de la manière la plus approfondie, et qui semble, cette fois, devoir être définitivement décidée. On ne saurait laisser davantage en suspens ce qui intéresse tout-à-la-fois les droit de la prérogative royale, dépôt toujours sacré pour la Chambre des Pairs, et le mode d'existence d'une classe nombreuse de personnes estimables, vouées aux fonctions les plus touchantes, et auxquelles tous s'accordent à payer un tribut d'intérêt et de respect.

» Est-ce au pouvoir législatif tout entier, c'est-à-dire au domaine de la loi, ou bien au Roi seul, procédant par les formes les plus solennelles de la haute administration, par ordonnance royale, que doit appartenir l'autorisation des congrégations religieuses de femmes ?

» Le Gouvernement qui avait déjà pris l'initiative

à cet égard, dans la session précédente, qui a pu recueillir toutes les lumières d'une discussion prolongée, et y joindre de nouvelles méditations, persiste dans la même opinion, que ces congrégations doivent être autorisées par des ordonnances royales.

» Votre Commission, après un mûr examen, a embrassé cette opinion, que je suis chargé de vous exprimer avec la même franchise que l'a énoncée M. le ministre des Affaires Ecclésiastiques, dans son Exposé des Motifs, tout empreint de ce caractère. Nous allons vous rendre juges de nos motifs.

» Un premier principe nous a servi de guide; il faut assurer au pouvoir royal une attribution quelconque qui est dans son ressort naturel, toutes les fois qu'il n'y a pas dans la Charte une exception, une dérogation formelle : rien n'est plus conforme à l'esprit de cette loi fondamentale, au principe de notre Gouvernement, qui est éminemment monarchique, enfin aux devoirs et aux intentions de la Chambre des Pairs, gardienne héréditaire de la prérogative royale ; or, par la nature même des choses, l'autorisation ne présente aucun des caractères de la loi, c'est-à-dire, d'une règle qui statue sur l'universalité des choses, ou sur l'universalité des personnes. Il s'agit seulement d'appliquer la règle, une fois posée, à des cas particuliers qui peuvent plus ou moins varier ; ce qui constitue évidemment l'autorité exécutive, administrative, qui appartient au Roi seul.

» Nous avons trouvé une démonstration de plus de cette vérité dans le genre de mesures préparatoires qui doivent précéder l'autorisation, et lui servir de garantie. C'est une correspondance avec l'évêque dio-

césain, des enquêtes faites dans les divers départemens, des informations prises par les préfets et autres
administrateurs qui sont tous en rapport avec la
seule puissance exécutive. Rien n'est plus étranger à
la puissance qui fait les lois.

» Nous n'avons pas admis les inductions qu'on a
voulu tirer dans un sens contraire, des exemples de
notre ancienne législation, et de l'enregistrement par
les parlemens, des lettres-patentes portant établissement des communautés religieuses. La discussion
récente et approfondie qui ne peut pas manquer
d'être encore présente à vos esprits, a laissé dans les
nôtres ces résultats : 1.° que l'enregistrement était
une forme de publicité commune à beaucoup de dispositions qui évidemment n'étaient pas des lois,
mais étaient du ressort du pouvoir exécutif; 2.° que
ces lettres-patentes, anciennement employées, pouvaient se distinguer des autres édits ou déclarations
qui avaient un caractère d'intérêt plus général, par
plusieurs traits marquans, entr'autres par le droit
laissé aux parties intéressées de former opposition.

» Ici d'ailleurs, s'est présentée à nous une pensée
qui se reproduit plus d'une fois dans le même examen :
c'est qu'une sage législation doit être appropriée aux
besoins du pays et des temps ; c'est que les mêmes
précautions, les mêmes formes restrictives ne sont pas
également applicables à l'époque où des établissemens
peuvent devenir trop nombreux et trop riches; et à
l'époque où il faut les récréer, les encourager, les
préserver d'un dénuement absolu.

» L'autorité de la loi de janvier 1817 n'a pas arrêté
votre Commission dans ce qui lui a semblé une

marche progressive et légitime d'amélioration. Il est permis, il est utile de modifier une loi qui doit recéler en elle-même quelque embarras, quelque difficulté cachée, puisque placée successivement entre les mains de plusieurs administrateurs qui devaient différer plus ou moins de manière de voir, elle n'a jamais eu de véritable exécution, du moins pour ce qui concerne la reconnaissance des communautés religieuses.

» Ne craignons pas d'énoncer franchement un fait sur lequel j'invoque et vos souvenirs et vos procès-verbaux : la discussion en 1817, fut peu développée ; quelques explications furent demandées ; on se contenta de quelques réponses qui tendaient à tout concilier. Le noble Rapporteur de la Commission d'alors, tout en s'accordant avec le ministre à penser que la reconnaissance formelle par la loi, d'une communauté religieuse, lui donnerait une plus solide garantie, déclara positivement qu'il lui suffisait d'être autorisée par une ordonnance, pour être capable de recevoir des donations (1).

» Vos Seigneuries conçoivent que le principe qui nous a dirigés, s'oppose également au système mixte, qui consiste à exiger l'intervention de la loi pour les congrégations nouvelles ou les congrégations-mères, en laissant aux ordonnances l'autorisation des établissemens du même ordre ou affiliés.

» Plusieurs inconvéniens seraient sans doute par là évités, entr'autres celui d'une trop grande multiplicité de lois. Mais il reste toujours, dans notre opinion,

---

* Page 72 du procès-verbal de la séance du 26 novembre 1816.

la confusion des deux pouvoirs qui doivent être distincts, et l'empiétement sur celui dont la prérogative nous est sacrée.

» Le principe une fois admis, de l'autorisation par les ordonnances royales, les art. 2 et 3 de la loi proposée nous ont paru contenir les moyens les plus simples d'appeler les lumières, de se préserver des abus, et d'assurer un examen suffisamment approfondi, sans recourir à des formes trop lentes et trop difficiles.

» Aucune congrégation religieuse de femmes ne sera autorisée que lorsque les conditions de son existence et ses moyens de se rendre utile, auront reçu la double sanction des autorités religieuses et civiles.

» Les établissemens de cette congrégation autorisée ne pourront se multiplier, ou se fixer dans les divers lieux, qu'en raison des convenances particulières sur lesquelles les autorités locales doivent être d'abord consultées, et dont la décision définitive appartient au chef suprême de l'administration. »

## ARTICLE 3.

Il ne sera formé aucun établissement d'une congrégation religieuse de femmes déjà autorisée, s'il n'a été préalablement informé sur la convenance et les inconvénients de l'établissement (1), et si l'on ne produit, à l'appui de la demande, le consentement de l'évêque diocésain, et l'avis du Conseil municipal de la commune où l'établissement devra être formé.

L'autorisation spéciale de former l'établissement sera accordée par ordonnance du Roi, laquelle sera insérée dans quinzaine au Bulletin des lois (2).

———

(1) Le baron de Barante ne trouvant pas suffisamment désignée dans le premier paragaphe, l'information de *commodo* et *incommodo*, proposa, pour la caractériser davantage, d'intercaler dans le paragraphe dont il s'agit, après ces mots : *s'il n'a pas été préalablement informé*, ceux-ci : *devant le Juge de Paix*.

M. Lanjuinais voulait charger de l'information un magistrat d'un ordre plus élevé, et M. de Bonnay proposa de dire seulement que l'information serait faite dans la *forme ordinaire* ; enfin M. le duc de Brissac invoqua la question préalable sur les différentes propositions, et la Chambre l'adopta.

(2) Une fois qu'une congrégation est reconnue, porte l'Exposé des Motifs, il ne s'agit plus d'examiner les statuts de chaque établissement particulier qui peut en faire partie, mais bien d'examiner s'il y a lieu à l'autoriser. La loi proposée s'attache à écarter en cette matière, toute précipitation qui pourrait amener des regrets. Une enquête sera faite sur la convenance et les inconvéniens de l'établissement projeté ; le consentement de l'évêque diocésain sera demandé ; l'autorité locale sera consultée. La loi va plus loin encore, elle fournira une ressource contre la surprise et l'erreur : après que l'ordonnance d'autorisation aura été publiée, il sera permis aux parties intéressées de

se pourvoir, par la voie d'opposition, dans les trois mois après la publication. Il se peut que cette mesure paraisse sévère, mais on peut dire que la sévérité de l'examen qui aura précédé la formation de l'établissement sera une garantie de plus de sa stabilité *.

Le projet portait, article 3 : Nulle congrégation religieuse de femmes ne pourra former d'établissement, s'il n'a été préalablement, etc.

Cette rédaction fut changée par la Commission de la Chambre des Pairs. Lè Rapporteur dit : Nous avons cru que l'article 3 serait plus correctement rédigé avec un très-faible changement qui le ferait commencer ainsi : Il ne sera formé aucun établissement d'une congrégation religieuse de femmes déjà autorisée, s'il n'a été préalablement informé, etc.

L'amendement fut adopté.

M. le duc de Vale ntinois proposa sur le même paragraphe une modification plus importante. « Sa disposition exige, comme condition indispensable de tout établissement religieux, dit-il, *le consentement de l'évêque diocésain*, et ce même consentement est exigé par l'art. 6 pour la révocation des ordonnances d'autorisation. Le danger d'une disposition aussi absolue, et l'obstacle invincible que, dans certain cas, elle pourrait apporter à l'exercice de l'autorité royale, ont été signalés, dès l'ouverture de la discussion, par le noble Pair qui le premier a parlé sur le projet. Il aurait sans doute proposé d'y remédier, si, déterminé à voter le rejet absolu de la loi, il n'eût regardé comme inutile toute proposition d'amendement. Dans le cours de la discussion, au contraire, cette dispo-

---

* Ce dernier paragraphe fut supprimé. *Vide* ci-après page 62.

† trouve spécialement confiée la défense du projet, comme pouvant offrir dans plusieurs occasions une barrière inutile. Sans entrer ici dans l'examen des principes qu'il a développés à cet égard, je me contenterai d'observer que ma conviction n'en a point été ébranlée. Je persiste à penser que les mesures destinées à garantir aux établissemens religieux une stabilité dont plus que personne je reconnais le besoin, ne doivent porter aucune atteinte au libre exercice de la prérogative royale, et que pour le repos de la société, il faut surtout écarter des lois qui la régissent, toute occasion de conflit entre les grands pouvoirs. C'est, dit-on, pour rendre à l'autorité administrative une attribution dont elle a été mal à propos dépouillée; c'est pour fixer, en les replaçant sur leur ancienne base, les limites de la compétence législative, qu'a été soumis à la Chambre, le projet dont elle s'occupe; pourquoi donc apposer dans ce projet à l'exercice du pouvoir royal une restriction inutile? pourquoi substituer un nouvel obstacle à celui qu'on se propose de détruire? Il est remarquable en effet, que le défaut de consentement de l'évêque diocésain équivaudrait, dans le système du projet, à la non adoption des Chambres dans le système de la législation actuelle. Malgré tout le respect dont je fais profession pour l'autorité épiscopale, je ne pense pas qu'une pareille compétence doive lui être attribuée. L'amendement qui vient d'être adopté sur l'article 2, et qui réserve à la puissance législative l'autorisation des établissemens religieux postérieurs au 1ᵉʳ janvier 1825, fortifie encore mon opinion à cet égard, tout ce qui a été dit en faveur de l'autorité royale s'appliquant également au sition a été présentée par le ministre même à qui se

† la dernière ligne de cette page doit être mise la première. c'est par erreur qu'elle a été placée par l'ouvrier imprimeur comme on le voit.

pouvoir législatif. « Dans cet état de choses, et pour obvier aux inconvéniens de la disposition qu'il attaqua, le noble Pair proposa de substituer dans le paragraphe de l'article 3, à ces mots : *le consentement de l'évêque diocésain*, ces autres mots : *l'avis de l'évêque diocésain.*

M. le vicomte Lainé estima, au contraire, que cet amendement entraînerait plus d'abus qu'il n'en saurait prévenir. Son auteur a reproduit la doctrine professée par un autre orateur, sur la plénitude de liberté qu'on doit laisser à la prérogative royale, et sur l'inconvénient d'en gêner l'exercice par de trop fortes barrières. Mais cet orateur n'avait eu en vue, dans ses observations, que la disposition de l'article 6, et ce n'est pas ici le lieu de l'examiner. Quant à celle de l'article 3, le noble Pair ne peut apercevoir aucun inconvénient dans son adoption. Il faut distinguer entre l'institution religieuse d'un ordre monastique, et la capacité civile dont il peut être investi. Cette dernière est entièrement du ressort de l'autorité temporelle, mais on ne peut contester à l'autorité ecclésiastique le droit de régler tout ce qui concerne le spirituel, et l'opinant accorde à ce mot une grande latitude. A quel danger ne s'exposerait-on pas en autorisant, contre l'avis de l'évêque diocésain, une communauté religieuse, dont la règle, après tout, pourrait ne pas être conforme aux maximes de l'église et aux lois canoniques? La crainte d'un tel danger ne permettra pas sans doute au noble auteur de l'amendement d'insister sur son adoption.

D'après ces considérations, l'auteur de l'amendement retira sa proposition, en ce qui touche l'art. 3, se réservant toutefois de la reproduire sur l'article 6.

M. le baron Mounier proposa de supprimer, par voie d'amendement, le dernier paragraphe de l'article en discussion. Ce paragraphe, en accordant aux parties intéressées la faculté de se pourvoir par opposition, contre l'ordonnance qui aurait autorisé un établissement religieux, pendant trois mois, à compter de la publication de cette ordonnance, établit ainsi au préjudice de l'autorité royale, une sorte de contrôle rétroactif sur les actes qui en sont émanés. C'est sans doute par assimilation à nos anciennes formes qui admettaient ce contrôle ; en matière législative par les remontrances des parlemens ; en matière administrative, par l'opposition des tiers, que l'on a cru devoir insérer dans le projet une semblable disposition ; mais elle ne peut accorder avec nos institutions actuelles. Aujourd'hui le contrôle dont peuvent être susceptibles les actes de l'autorité publique, ne suit point la décision ; il la précède et la prépare. C'est durant l'institution même à laquelle donne lieu l'autorisation projetée d'un établissement, que doivent se faire entendre tous les intérêts qui pourraient en souffrir. Dans l'espèce particulière, le premier paragraphe de l'article 3, qui prescrit une information préalable sur la convenance et les inconvéniens de l'établissement religieux dont on demanderait l'autorisation, offre à tous les intérêts, les moyens de se produire, et ne laisse aucun prétexte aux tardives réclamations dont ils pourraient s'aviser. Le noble Pair vota en conséquence le retranchement d'une disposition qui lui paraît à-la-fois inutile et dangereuse.

Cette suppression mise aux voix fut adoptée, sans

égard aux observations de M. de Barante, qui pour mettre les divers intérêts à portée de se faire entendre, voulait qu'on rétablit les formes particulières établies par les anciennes lois, notamment l'information de *commodo* et *incommodo*. A cet égard, M. de Portalis dit qu'il regardait comme équivalente, l'expression employée dans le projet, et qui est celle dont se sert dans la même acception l'édit de 1749; et il appuya, au surplus, la suppression du dernier paragraphe.

ARTICLE 4.

Les établissemens dûment autorisés pourront, avec l'autorisation spéciale du Roi (1) :

1° Accepter les biens meubles et immeubles qui leur auraient été donnés par actes entre-vifs ou par acte de dernière volonté, à titre particulier seulement;

2° Accepter, à titre onéreux, des biens immeubles ou des rentes ;

3° Aliéner les biens immeubles ou les rentes dont ils seraient propriétaires (2).

------

(1) *L'autorisation spéciale du Roi.* Après avoir fixé les conditions essentielles de l'autorisation, la loi traite de la capacité des établissemens, relative à la jouissance et à l'exercice des droits civils. « On a généralement senti, dit le ministre des Affaires Ecclésiastiques, qu'il fallait leur laisser une certaine liberté d'acquérir et de posséder, parce qu'il fallait bien

leur faciliter les moyens d'exister et de se perpétuer. Mais on a semblé craindre que les libéralités de la piété ne fussent dirigées envers eux avec trop d'abondance, et qu'un zèle peu éclairé ne les enrichit, au dépouillement des familles. Je voudrais encore, que ces craintes eussent un fondement légitime, sans blâmer les moyens de précaution qu'elles pourraient inspirer ; je me réjouirais d'y voir un indice de la disposition des esprits, à favoriser des établissemens que je crois si utiles, et dont je souhaite la prospérité, comme chrétien et comme Français. Quoiqu'il en soit, le projet aura de quoi calmer les alarmes à ce sujet. D'un côté, il porte qu'aucun établissement ne pourra recevoir, acquérir, à quelque titre que ce soit, sans la permission du Roi ; et de l'autre, la capacité est restreinte par l'article 5 : »

Les articles 4 et 5 , qu'on peut regarder comme la seconde partie de la loi, dit le rapporteur, P., déterminent les droits qui appartiendront aux congrégations, aux établissemens reconnus, et à leurs membres individuels ; mais qu'ils ne pourront jamais exercer qu'avec l'autorisation spéciale du Roi. Cette condition sage, indispensable, qui leur est commune avec tous les établissemens analogues d'utilité publique, doit être présente à la pensée, pendant toute la discussion d'un pareil sujet , parce qu'elle offre une garantie réelle contre bien des craintes et des inquiétudes soupçonneuses , parce qu'elle est propre à rassurer sur les abus pénibles de ces êtres collectifs auxquels la société donne l'existence par une utile fiction , en raison même des services qu'elle en attend.

L'article 4, pour énoncer ces droits exercés par les

établissemens autorisés, se sert des mêmes termes qui ont été consacrés dans la loi de janvier 1817, et dans les propositions successives de M. le comte Ferrand et du gouvernement; *accepter*, *acquérir*, *posséder*.

Nous n'avons pas cru devoir nous arrêter à une restriction qui avait été proposée l'année dernière, et soutenue avec beaucoup de talent et de persévérance. Elle consisterait à retrancher le mot *accepter*, et bornerait les établissemens à pouvoir acquérir à titre onéreux, et non par actes entre-vifs, ni par acte de dernière volonté. Ce serait d'abord donner au mot *acquérir*, un sens beaucoup moins étendu que celui qu'il a toujours eu dans le langage de la loi, et en particulier dans celle de 1817.

Les communautés établies antérieurement à cette époque, et définitivement autorisées, ont pu *acquérir* dans toute la force légale de ce mot; c'est-à-dire, accepter des legs et des donations. Ce serait créer une classe toute différente de communautés religieuses, beaucoup moins bien traitées que les premières, et cela sans aucun examen préalable et approfondi de leurs divers titres à l'intérêt de la société; ce serait enfin exposer la loi aux reproches, d'accorder une sorte de faveur dérisoire aux communautés religieuses de femmes; car tout le monde sait que dans l'état actuel des choses, elles possèdent très-peu de biens en leur nom, et ne peuvent guère acquérir que par des donations et des legs.

(2) *Dont ils seraient propriétaires.* Voici les termes dans lesquels cet article avait été conçu dans le projet :

«Article 4, les congrégations et établissemens re-connus, ne pourront, sans l'autorisation spéciale du Roi, 1.° accepter les biens meubles et immeubles qui leur auraient été donnés par acte entre-vifs, ou par acte de dernière volonté.

2.° Acquérir à titre onéreux, des biens-immeubles ou des rentes.

3.° Aliéner les biens-immeubles ou les rentes dont ils seraient propriétaires.

Par un double amendement, M. le vicomte Lainé, proposa de modifier les deux premiers paragraphes de l'art. 4, ainsi qu'ils sont dans la loi (Séance du 8 février, Moniteur, n. 42). La modification qu'il pro-posa au paragraphe premier, n'a pas seulement pour objet d'en rendre la rédaction plus claire par l'emploi d'une locution affirmative, toujours préférable aux équivoques que peut entraîner une disposition en forme négative ; son but principal est de retrancher de l'article, le mot *congrégation*. L'idée d'une congré-gation, lorsqu'elle n'est pas jointe à celle d'un établis-sement particulier, ne présente, il faut le dire, qu'un sens abstrait et incertain. On comprend mal, dit-il, ce que serait une congrégation sans établissement, et l'on comprend encore moins comment une pareille con-grégation pourrait acquérir et posséder. Le seul moyen d'entendre les dispositions du projet, serait d'en faire résulter la possibilité d'une possession collective, commune à tous les établissemens d'une même con-grégation.

Mais telle n'a pas été, sans doute, l'intention des ré-dacteurs du projet, et l'on ne voudra pas apparemment donner aux divers ordres de religieuses, une capacité qui rendrait nécessaire pour chacune d'elles, une administration centrale en-dehors des établissemens particuliers, ce qui ne pourrait être admis sans de graves inconvéniens. En règle générale, les libéralités ne peuvent être faites qu'au profit d'un établisment particulier, et l'on n'admettrait pas, par exemple, une donation faite à l'Eglise de France. Pourquoi en serait-il autrement à l'égard des congrégations, et de quelle utilité pourrait être une pareille latitude ? Le mot *congrégation* doit être supprimé. Quant à l'expression de *reconnu*, que le projet emploie, elle peut, jusqu'à un certain point, présenter quelque vague, et paraître insuffisante pour exprimer l'idée d'une autorisation régulière. C'est pour cette raison, que le noble Pair proposa d'y substituer celle *dûment autorisé*. Mais la modification la plus importante que contenait l'amendement, était celle qui s'appliquait au second paragraphe, et qui consistait dans l'addition de ces mots, *à titre particulier seulement*. La disposition du projet, dans les termes où elle est conçue, dit encore le même Pair, donne aux communautés, le droit de recevoir par testament, non-seulement un objet certain et déterminé, un immeuble par exemple, ou une somme d'argent, que le droit comprend sous la dénomination de legs particuliers; mais encore ce qu'il désigne sous le nom de legs universel, ou à titre universel; c'est-à-dire, une succession entière, ou une quotité déterminée dans une succession, avec toutes les actions actives et passives qui en dépendent. Personne ne conteste la nécessité de donner aux communautés religieuses, dans certaines limites, la capacité de recevoir, soit des donations entre-vifs qui ne s'ap-

5.

pliquent jamais qu'à des corps certains et déterminés, soit des legs à titre particulier. Il n'en est pas de même à l'égard des legs universels ou à titre universel. La faculté de les recevoir ne peut être d'aucun avantage pour les communautés, puisqu'on peut leur donner autant par un legs particulier que par un legs universel ou à titre universel. Mais il y aurait pour elle, pour la religion et pour la société, des inconvéniens graves à leur accorder cette capacité. Le legs universel donne au légataire, la saisine de tous les biens, et l'exercice de tous les droits du testateur; les communautés se trouveraient donc chargées de toutes les formalités relatives à l'ouverture des successions, et obligées à suivre les contestations engagées avec le défunt, ou celles auxquelles le testament lui-même pourrait donner lieu. L'embarras qui en résulterait pour elles, serait grand, sans doute, mais le détriment qu'en éprouverait la religion, et le scandale qui en naîtrait, seraient plus fâcheux encore : c'est pour éviter ces inconvéniens, que le noble Pair proposa de restreindre aux libéralités à titre particulier, la faculté que le projet accordait aux communautés, de recevoir par acte de dernière volonté.

Si cette restriction est admise par la Chambre, dit-il, peut-être aura-t-on ensuite le droit de se montrer plus facile sur les modifications qui pourraient être proposées dans l'intérêt des communautés religieuses.

M. Petit-Perrin, Député (Séance du 6 avril, Moniteur n. 98), proposa un amendement tendant à ajouter à la fin de cet article, la disposition suivante :

« Mais ils devront, dans tous les cas, mettre hors

de leurs mains , les immeubles qui leur seront advenus à titre , soit gratuit, soit onéreux, autres que
ceux dépendans de leur maison d'habitation, et y
attenant, dans le délai de cinq ans, à dater des acquisitions, et en employer le prix en rentes sur l'Etat;
à défaut de quoi faire dans ledit délai, les autorisations à fin desdites acquisitions , seront comme
nulles et non avenues. Ce Député développa les motifs de cet amendement, qui fut appuyé par M. de
Cambon; mais il fut rejeté d'après les observations
de Mgr le Garde des Sceaux, qui s'exprima ainsi :

« L'amendement qui vous est proposé, n'aurait pas,
comme son auteur le suppose , l'avantage d'être conforme à notre ancienne législation sur cette matière :
de plus, il aurait l'inconvénient d'être en opposition
manifeste avec la législation actuelle.

» Je dis qu'il n'est pas conforme aux dispositions de
notre ancienne législation : car quel est l'objet principal de cet amendement, de contraindre les établissemens religieux de femmes , à mettre *hors de leurs
mains*, dans le délai de cinq années, les immeubles
qu'ils auraient pu acquérir, et d'en convertir le prix
en rentes sur l'Etat. Rappelons en peu de mots, les
dispositions de la dernière déclaration donnée sur cette
matière par nos Rois, avant la révolution. Il est vrai
que la déclaration dont l'illustre d'Aguesseau est l'auteur, et dont le préopinant a extrait quelques dispositions incomplètes, avait été donnée pour mettre des
obstacles légaux aux acquisitions trop étendues d'immeubles, de la part des établissemens religieux d'hommes ou de femmes; mais ces obstacles ne consistent
que dans des dispositions analogues à celles que nous

retrouvons dans notre législation moderne; par exemple, dans la loi du mois de février 1817, les établissemens, en vertu de la déclaration de 1749 , ne pouvaient acquérir des immeubles qu'avec une autorisation spéciale. Qu'a de commun l'autorisation spéciale dont la nécessité était déjà imposée par la loi de 1817, et de nouveau imposée par la digue que le projet de loi a placée, avec l'obligation qu'on voudrait imposer, de transformer en rentes sur l'Etat, des immeubles que les établissemens religieux de femmes, ont acquis en vertu de l'autorisation du Roi?

» Il n'y a aucune parité entre ces deux positions. L'ordonnance de 1749 voulait qu'on ne pût acquérir à l'avenir, qu'en remplissant certaines formalités; mais elle ne contraignait pas les établissemens religieux à aliéner des immeubles en possession desquels ils avaient été mis. C'est donc à tort que l'auteur de l'amendement a affirmé que cet amendement était conforme à l'ancienne législation. Je dis en outre, qu'il serait en opposition avec la législation qui nous régit aujourd'hui. Je ne pense pas qu'il entre dans votre intention de vouloir aggraver la condition des établissemens religieux. Loin de là, votre intention paraît être d'ajouter à la législation déjà existante, des dispositions nouvelles qui puissent favoriser ces établissemens et en régulariser l'existence. Cependant, que voudrait-on que vous fissiez ? On voudrait vous faire modifier la loi de 1817, plus qu'elle ne le sera par les dispositions du projet de loi. La loi de 1817 autorise indistinctement tous les établissemens religieux, à acquérir et à recevoir des biens meubles, des rentes sur l'Etat, et des biens immeubles, à la seule condition d'obtenir préalablement l'autorisation du Roi. Le projet de loi ne fait autre chose, dans l'article que nous discutons, que renouveler littéralement les dispositions réunies dans les trois articles dont se compose la loi de 1817. Je me trompe: le projet de loi propose une seule modification à cette loi de 1817. Je ne serais pas surpris que la proposition eût été l'objet de quelques critiques, si elle avait pour objet d'étendre les facultés accordées par la loi de 1817, plutôt que de la restreindre.

» Eh bien, au lieu de les étendre, la proposition qui vous est soumise les restreint; car la loi de 1817 permettait de recevoir, toujours sous la condition d'obtenir l'autorisation du Roi, toutes sortes de libéralités faites à titre universel ou à titre particulier, quelle que fût la nature des biens, mobiliers ou immobiliers. Que fait au contraire l'article que nous discutons? Il ne permet de recevoir, avec l'autorisation du Roi, que les libéralités qui auront été faites à titre particulier seulement. Ainsi, vous voyez qu'il y a ici une modification essentielle à la loi de 1817. Cette modification est légitime; elle est fondée sur des motifs qui sont de nature à enchaîner votre conscience. Mais aller au-delà, imposer l'obligation extraordinaire qu'on vous propose aux établissemens religieux de femmes, ce serait bouleverser le principe même de la loi de 1817; ce serait imposer des obligations inexécutables, des obligations sans cause. Cependant, je ne prétends pas le dissimuler: les dispositions de l'amendement sont basées sur des motifs louables sans doute, mais qui ne se rattachent pas à des causes réelles. Les craintes qu'ils ont inspirées sont-elles fon-

dées ? Jetons les yeux, Messieurs, sur les établissemens religieux, qui font l'objet du projet de loi. Est-il
à craindre, je vous le demande, qu'ils envahissent une
si grande portion du territoire ? Est-il donc si urgent
qu'une semblable disposition soit introduite dans notre
législation ? Ces établissemens, loin d'être riches de
propriétés foncières, comme on le suppose, sont pauvres, et rien ne le prouve mieux que la loi qui vous
est proposée ; car c'est pour subvenir à leur pauvreté,
c'est pour la faire cesser autant qu'il dépend de vous,
que les dispositions dont la loi se compose, sont soumises à votre adoption.

» Est-il besoin d'y ajouter d'autres dispositions ?
Est-ce le moment de prévoir des richesses qui jamais
ne seront réunies par les établissemens dont il est
question ; car il ne faut pas perdre de vue, que déjà
la loi de 1817, et que la loi actuelle élèvent des obstacles insurmontables aux envahissemens que l'on
craint. Il ne dépend pas du donataire et de l'établissement, de grossir ces richesses ; elles ne pourront être
accrues qu'au moyen de l'autorisation royale.

» Or, ces sortes d'autorisations sont toujours pré-
cédées d'une discussion approfondie dans le sein même
du Conseil-d'Etat. Croyez-vous que le Conseil-d'Etat
n'avertirait pas, au besoin, de la convenance de réduire les libéralités qui auraient été faites ? Croyez-
vous que le Roi ne se refuserait pas à donner l'autorisation pour des legs et des donations, s'il était vrai
que ces legs et donations dépassassent les bornes légitimes ? »

### ARTICLE 5.

Nulle personne faisant partie d'un établissement autorisé, ne pourra disposer, par acte entre-vifs ou par testament, soit en faveur de cet établissement, soit au profit de l'un de ses membres, au-delà du quart (1) de ses biens, à moins que le don ou legs n'excède pas la somme de dix mille francs (2).

Cette prohibition cessera d'avoir son effet relativement aux membres de l'établissement, si le légataire ou donataire était héritier en ligne directe de la testatrice ou donatrice (3).

Le présent article ne recevra son exécution, pour les communautés déjà autorisées, que six mois après la publication de la présente loi (4); et pour celles qui seraient autorisées à l'avenir, six mois après l'autorisation accordée (5).

------

Mgr l'archevêque de Paris demanda la suppression de l'art. 5. « Appelé par l'assemblée à faire partie de la Commission, je m'étais applaudi, dit-il, de participer, d'une manière plus spéciale, à la délibération d'un projet qui ne semblait destiné qu'à assurer aux communautés religieuses de femmes, une garantie de stabilité et de bonheur qu'elles ont droit de réclamer. Animé de cette pensée, j'avais cru que la seule question à résoudre était la question relative au mode d'autorisation : ce mode, une fois déterminé, il m'avait semblé que le législateur devait en rester là, et remettre à des temps où elles seraient plus nécessaires, les mesures de précaution à prendre contre un luxe et une affluence aussi contraires aux préceptes de la religion, qu'aux intérêts de l'Etat, mais dont les communautés sont si loin en ce moment. Cependant, après avoir réglé les conditions sous lesquelles chaque congrégation, chaque établissement doit se former, on veut imposer à leur capacité, une restriction qui annule pour ainsi dire, le bienfait qu'on leur accorde. C'est cette restriction que le noble Pair croit de son devoir de combattre, comme contraire à notre législation, à l'intérêt des communautés religieuses, et à celui même de la société à laquelle du moins elle n'offre aucune garantie de plus que celles qui existent déjà. Et d'abord, dit Mgr l'archevêque de Paris, la disposition de l'article 5 est contraire à la législation existante.

» Que sont en effet les communautés dans l'état actuel des choses ? Ce sont de simples femmes unies par des liens purs et solides, sans doute, mais que la loi ne reconnaît pas. A ses yeux, nulle différence entre la séculière et la régulière, ni pour la liberté d'agir, ni pour la capacité de posséder. Comment voudrait-on en faire une, seulement à l'égard de la capacité de disposer ? Lorsque le temps sera venu, de rendre aux communautés leur ancien état, de reconnaître le renoncement perpétuel des religieuses au monde, et l'échange qu'elles voudraient faire de leur liberté contre la protection de la loi ; alors, sans doute, la législation pourra mettre à ce contrat, entre la société et les religieuses, telles conditions que la prudence lui suggérera ; mais dans la situation présente, lorsqu'on veut

qu'elles demeurent devant la loi , comme si elles n'é-
taient pas , ne les reconnaître que pour les priver de
la libre disposition des trois quarts de leurs biens , ne
serait-ce pas une incohérence que rien ne peut excu-
ser ? Mais , dira-t-on, ce n'est pas sur la religieuse individuellement , c'est sur la réunion autorisée par la
loi que porte l'incapacité , et la religieuse est assimilée,
pour ce cas, au client, au malade, au pénitent, qui ne
peuvent disposer en faveur de leur notaire, de leur
médecin, de leur confesseur, sans que pour cela le
droit de propriété reçoive aucune atteinte. Si l'on
adoptait cette assimilation, au moins ne devrait-on
interdire les dispositions qu'à l'égard de la communauté, et par actes de dernière volonté seulement ,
püisque la disposition du Code , dont on argumente,
ne s'applique qu'à cette sorte de libéralités ? Mais il
est facile de découvrir encore une autre inconséquence dans le projet. Il dispose, qu'aucune personne
faisant partie d'une communauté , ne pourra donner
à cette communauté, ou à celles qui la composent,
plus du quart de ses biens ; mais à quels signes re-
connaîtra-t-on qu'une personne fait partie d'une communauté religieuse ? Vivre sous le même toit, participer aux mêmes prières, s'asseoir à la même table, ne
sont point des signes de profession religieuse; comment distinguera-t-on , entre les postulentes, les novices et les professes ? Un seul moyen existe, c'est de
s'en tenir aux vœux solennels; mais voilà donc l'administration et la justice obligées de recourir à des actes
que la loi ne reconnaît pas, et de fonder sur ces actes,
leurs décisions souveraines. Ce système blesse la raison, et ne saurait être admis.

Le noble Pair combat en second lieu, l'art. 5, comme contraire à l'intérêt des communautés, « et à cet égard, dit-il, sa proposition n'a besoin que d'être énoncée pour être comprise, et il est facile d'établir que, même avec l'amendement de la Commission, cet article compromet non-seulement la prospérité, mais l'existence même des communautés religieuses. Jusqu'à ce moment, les communautés, celles du moins qui sont légalement autorisées, ont pu recevoir, sans aucune restriction; et cependant, malgré cette latitude, malgré les privations et la sévère économie qu'elles s'imposent, malgré les dons d'une charité inépuisable, il faut reconnaître qu'à quelques exceptions près, elles sont bien plus près du dénuement que de la richesse. Tarir pour elles dès aujourd'hui, les sources du nécessaire, dans la crainte d'un superflu qui n'arrivera peut-être jamais, n'est-ce pas se consumer en efforts inutiles, pour élever une digue énorme contre un faible ruisseau qui suffirait à peine à rafraîchir la prairie.

» Enfin, cette mesure contraire aux lois et fatale aux communautés, est-elle commandée par l'intérêt de la société ? C'est ce dont il est permis de douter : quel motif aurait-elle en effet de craindre les libéralités excessives ? La nécessité de l'autorisation du Roi, le recours aux tribunaux en cas de captation, ne sont-ils pas des garanties suffisantes contre les abus ? N'en trouve-t-on pas une encore, dans la nécessité de recourir au pouvoir législatif, pour l'établissement de toute congrégation nouvelle ? Mais quand ces garanties n'existeraient pas, il en est une de l'ordre le plus élevé, qui résulte du caractère même des religieuses auxquelles on veut imposer cette restriction, et des pasteurs qui les dirigent. C'est dans leur conscience, que les religieuses trouveront bien plus encore que dans les lois, la limite de leurs dispositions ; on peut s'en fier assez à leur délicatesse, pour croire que jamais leurs familles n'auront à se plaindre de ce qu'elles auront fait pour leurs communautés ; et cette Capitale a naguères encore offert à tous les yeux, de nobles et de touchans exemples du respect des religieuses pour les droits des familles, en même temps que de leur généreuse libéralité.

L'orateur croit devoir citer ici en particulier, ceux donnés par une auguste princesse, et par une autre religieuse d'une famille des plus distinguées; toutes deux fondatrices et prieures de leurs monastères, qui pouvaient priver leurs familles d'un patrimoine immense, pour l'engloutir dans leur cloître, et qui, en faisant l'abandon, non-seulement de leurs espérances, mais de ce qui avait légitimement passé dans leurs mains, ne se sont réservé que ce que de hautes convenances et des besoins nécessaires exigaient, pour donner du pain à des compagnes malheureuses qu'elles avaient recueillies, et pour consacrer à la prière et à l'expiation des lieux vénérables par le sang des martyrs, par les infortunes de la royauté, et par les pleurs de la vertu. « Comme si, ajoute le noble Pair, la Divine Providence avait voulu laisser debout, et conserver par leurs mains, ces deux monumens si vénérables, afin de les opposer de nos jours et dans la suite des âges, à la détraction, afin de laisser, à tous ceux qui pourraient en douter encore, deux gages solennels et irrécusables de la bonne foi des religieuses et des pasteurs qui les conduisent : *les Carmes* et *le Temple*.

» Si cette garantie ne paraissait pas suffisante, la restriction qu'on propose serait elle-même illusoire et vaine ; c'est sur la conscience, en effet, que repose l'exécution d'ue pareille loi, puisque rien n'est plus facile que de l'éluder par des ventes et des donations manuelles. Puis donc, que l'on est obligé d'en revenir toujours à la confiance due aux religieuses, pourquoi ne pas s'y abandonner entièrement ? pourquoi leur imposer des entraves qui, sans être vraiment utiles à la société, menacent d'une ruine imminente, les communautés qu'on veut établir ? « Le noble Pair demanda la suppression de l'article 5, contre lequel il s'était déjà énoncé dans la Commission, qu'il avait sollicité avec instance, de ses nobles collègues, sans pouvoir l'obtenir ; mais il était si convaincu de la justice de sa demande, qu'il ne put se résoudre à céder à la majorité, et qu'il s'est décidé à reproduire devant la Chambre, les motifs qui lui faisaient un devoir de réclamer cette suppression.

Son amendement fut rejeté, et il en fut de même de celui qu'il proposa relativement au paragraphe premier de cet article. « En admettant même la nécessité de restreindre, dans l'intérêt des familles, la capacité des religieuses, dit-il, il faut bien convenir que si les familles ont des droits, ces droits ne peuvent s'étendre qu'aux biens qui font partie du patrimoine, et non à ceux que la religieuse peut avoir acquis soit par les libéralités qui lui auraient été faites, soit par le résultat de son travail. Que l'on réserve à la famille une portion importante des biens que ses ancêtres lui ont laissés, cela peut se concevoir ; mais n'y aurait-il pas quelque injustice à priver la religieuse de la libre disposition de ces biens qu'on appelle adventifs, et qu'elle ne peut être tenue de rendre à la famille puisqu'elle ne les a pas reçus d'elle. « Le noble Pair proposa de modifier dans ce sens le premier paragaphe de l'article, en substituant à ces mots : *au-delà du quart de ses biens*, ceux-ci : *au-delà du quart des biens qu'elle tient de sa famille.*

M. le comte de Tournon soutint le principe sur lequel la disposition de l'art. 5 est établie, et essaya d'apporter en même temps à cette disposition, une modification qu'il crut être également et dans l'intérêt des familles et dans celui des communautés religieuses.

« Tous les bons esprits, dit-il, ont reconnu la nécessité de faire cesser l'abus des dispositions occultes ou fidéi-commis, qu'a multipliées depuis quelques années, l'état précaire où se trouvent les communautés religieuses. On a senti que le seul moyen de remédier à cet abus, était d'autoriser jusqu'à concurrence d'une certaine quotité, des dispositions légales. Mais cette mesure suffit-elle, dans les termes surtout où elle est présentée dans le projet ? c'est ce dont il est permis de douter. En donnant, en effet, aux religieuses le droit de disposer d'un quart en faveur de leur communauté ou des personnes qui en font partie, le projet n'indique aucun moyen d'empêcher que, pour les trois autres quarts, elles ne prennent encore des voies indirectes pour les assurer à la communauté.

» Le but que l'on s'est proposé ne serait donc pas atteint, l'intérêt des familles ne serait pas suffisamment garanti. » C'est par ce motif que le noble Pair se détermina à présenter un système différent de celui du projet, et emprunté en partie au décret de 1809, sur les religieuses hospitalières. Dans ce système, en fixant la portion dont les religieuses pourraient disposer en faveur de la communauté, la loi établirait en même temps, qu'elles nepourraient plus disposer, ni par acte entre-vifs ni par testament, du surplus de leurs biens, en faveur de leurs parens au degré successeible. Ainsi aucune disposition indirecte ne serait plus à craindre, et la conservation de la portion réservée se trouverait assurée d'une manière efficace en faveur des familles; rien n'empêcherait de donner aux dispositions en faveur des communautés, une latitude d'autant plus grande qu'elle ne pourrait jamais être excédée.

Il proposa donc de fixer à la moitié des biens, la portion dont les religieuses pourraient disposer au profit de la communauté, la disposition de l'autre moitié ne leur étant permise qu'au profit de leurs familles. Tel est le sens d'un amendement dont il donna lecture à la Chambre, et qu'il déposa sur le bureau.

M. le comte de Tascher proposa un amendement qui, selon lui, sans rien changer au sens de l'article, donnerait plus de clarté à son expression. Le premier paragraphe porte, que : « nulle personne faisant partie d'une congrégation ou établissement autorisé, ne pourra disposer, soit en faveur de cette congrégation ou de cet établissement, soit au profit de l'un de leurs membres, au-delà du quart de ses biens. » Cette locution, *l'un de leurs membres*, si l'on ne consultait pas l'esprit de l'article, et si l'on ne s'attachait qu'à la lettre, pourrait, jusqu'à un certain point, laisser croire que la religieuse, après avoir disposé d'un quart au profit de ses compagnes, pourrait encore disposer du surplus en faveur d'autres religieuses, pourvu que la libéralité faite à chacune d'elles n'excédât pas la proportion d'un quart. Cette interprétation erronée serait prévenue par l'addition d'un seul mot ; il proposa de l'ajouter à la disposition de l'article, en substituant à cet énoncé : *de l'un de leurs membres*, cet autre : *d'un ou de plusieurs de leurs membres*.

Cet amendement, appuyé par plusieurs Pairs, fut mis aux voix et rejeté ( Mon. n. 42 , S. du 8 février ).

Le décret du 18 février 1809 laissait à l'hospitalière, l'entière propriété de ses biens, avec la liberté d'en disposer conformément au Code ; mais d'après l'article 10, *elle ne pouvait, par acte entre-vifs, ni renoncer à ses revenus et à ses biens , ni en disposer au profit de la congrégation , ni au profit de qui que ce fût.*

« L'article 5, dit M. Méchin, Député (S. du 6 avril, Mon. n. 97), dénature ces mesures de prudence ; il n'est plus interdit à la religieuse de disposer par donations entre-vifs, pourvu toutefois qu'elle ne dispose pas au-delà du quart de ses biens, à moins que la totalité du legs n'excède pas 10,000 fr.

» Et s'il arrivait, dit encore ce Député, que ne pouvant supporter le poids des chaînes qu'elle se serait imposés, la religieuse réclamât la puissance de la loi civile, et fût rendue au monde, que deviendraient ces donations prématurées ? Sont-elles irrévocables, et la donatrice aura-t-elle payé du quart de ses biens, l'essai malheureux qu'elle aura fait de son courage et de sa persévérance ? Les prévisions de l'article 10 du décret de 1809 avaient eu aussi en vue la temporanéité des vœux, et n'avaient pas voulu que l'hospita-

6

lière s'engageât par d'autres actes que par des actes de dernière volonté, sans influence rétroactivement possible sur son existence temporelle. Plus je médite la loi, qui pour la troisième fois est présentée, plus je reconnais qu'elle n'est pas encore parvenue à un degré de maturité suffisant. »

M. le comte de Blangy, Député (séance du 7 avril, Moniteur n. 97), prononça le discours suivant : « Messieurs, en consultant l'esprit général de notre législation, nous voyons que le principe, qu'il peut exister en France des sociétés de tous genres, est consacré. Ces sociétés peuvent jouir de l'exercice des droits civils. Voilà une base avouée, commune, et de laquelle est parti le projet de loi qui nous est soumis. Si les associations de science et de bienfaisance peuvent être autorisées, pourquoi n'en pas conclure, par la même raison, que les associations religieuses peuvent avoir le même avantage ? La même justice, Messieurs, appartient à tous les sujets du Roi; et pour se vouer à l'éducation de la Jeunesse, ou au soulagement de l'humanité souffrante, en est-on moins digne de la bienveillance du Monarque ? A-t-on, aux yeux de ses concitoyens, moins de droits à leur estime et à leur confiance ? Non, je n'hésite pas à le dire : ceux ou celles qui se vouent à ce pénible devoir, méritent non-seulement protection, mais ont tous les droits à nos respects et à notre vénération. Comment comprendre la frénésie de ces hommes qui les poursuivent avec un déchaînement inconcevable ? comment expliquer leur conduite; si ce n'est par la haîne que leur inspire la religion, et le désespoir qu'ils éprouvent du triomphe qu'elle remporte, lorsqu'ils

comptaient et avaient tout fait pour la renverser ?...
Les congrégations religieuses viennent au secours de
l'humanité : elles prennent l'homme dans son enfance, et le soignent dans tous les âges de la vie : elles
remplissent par devoir, les fonctions les plus pénibles,
et n'attendent de récompense que du bien qu'elles
procurent, et du Dieu pour lequel elles travaillent.

» Ils ne sont pas si loin de nous, Messieurs, ces
temps où les sociétés qui s'appelaient populaires ont
contribué à la désorganisation générale de la monarchie, à l'affranchissement de tous principes conserva-
teurs de la foi et de la morale. La funeste influence
qu'elles ont eue sur la société, se fait encore sentir ;
et il ne serait pas permis de chercher à opposer à l'esprit de vertige dont nous sommes encore entourés,
ces principes sûrs sans lesquels l'homme n'est rien,
et sans lesquels aussi la société ne peut trouver une
garantie de son existence ?

» La loi qui nous est soumise, Messieurs, et qui ne
regarde que les communautés de femmes, ne peut
porter ombrage à ces hommes inquiets pour lesquels
des idées religieuses sont synonymes de fanatisme. Ils
ne peuvent nier le bien que la société en retire ; ils en
sont les témoins... mais ils craignent de laisser prendre
au siècle, une marche qui pourrait amener à d'autres
résultats... Ces résultats, dans mon opinion, sont inévitables ; le dégoût du monde, amené par telle cause
que ce soit, créera tôt ou tard ces retraites paisibles
où l'homme pieux n'aura d'autre occupation que de
s'entretenir avec son Dieu ; où celui que le remords ou
la douleur y aurait amené, implorera la miséricorde,
et où tous, pour le bonheur général, demanderont

6.

au Ciel, de répandre ses faveurs sur la France, et la famille auguste qui la gouverne.

» Pardonnez-moi, Messieurs, cette courte digression ; je reviens à la loi qui nous occupe, et pour laquelle le Roi demande notre secours. Pouvons-nous le lui refuser ? Je ne le pense pas.

» Que veut la loi ? admettre des règles générales dont le Gouvernement fera l'application. Les mesures qui sont indiquées, prouvent la sévérité d'examen qui aura précédé l'établissement des communautés. Cette sévérité sera donc la plus grande garantie que l'on puisse donner à ces établissemens de leur stabilité. La loi veut encore que les biens acquis à titre *gratuit* par les communautés, retournent aux familles des donatrices et testatrices, si ces communautés viennent à être supprimées. Les autres biens doivent être employés au profit des autres établissemens conservés....

» Vous voyez, Messieurs, les précautions qui entourent le berceau, si je puis m'exprimer ainsi, des congrégations religieuses, et celles qui président à leurs suppressions, et à la direction à donner aux biens qu'elles auraient pu acquérir. Que pouvons-nous désirer de plus ? La société peut-elle exiger davantage ? Examen qui précède l'établissement, dispositions pour acquérir, dispositions dans le cas de réforme ; voilà ce qui me paraît essentiel, et ce qui doit contenter tout homme qui est convaincu de l'utilité morale des associations religieuses, et qui est loin de craindre leur agrandissement parmi nous.

» Tout en votant pour la loi, il m'est cependant impossible, Messieurs, de ne pas reconnaître avec la Commission, que dans l'article 5, elle n'est pas d'accord avec elle-même, et avec le but auquel elle doit tendre. Disons-le franchement, c'est le devoir d'un loyal Député : Il faut tout ou rien ; être à Dieu ou au monde. Une fois que l'on s'est consacré par sa propre volonté, au service de celui qui accepte tous les sacrifices, le monde devient une terre étrangère, ou du moins doit le devenir pour celle qui a fait un premier choix..... De cette manière, je comprendrais bien mieux le système de la loi ; mais avec la possibilité de changer de situation, vous ne pouvez, je dirai même, il est injuste de changer celle d'une personne vouée pour un temps déterminé au service des pauvres ou à l'instruction de la Jeunesse. Dans le monde, où elle peut toujours rentrer suivant nos lois, elle peut disposer de tout ce qu'elle possède ; dans la retraite sainte elle n'a plus cette faculté que pour un quart. Il faut donc, pour récompense du service passager qu'elle rend à la société, torturer, si je puis m'exprimer ainsi, les droits civils, les lui diminuer, de peur qu'elle n'en abuse pour faire le bien de l'humanité pauvre et souffrante, et les lui rendre entiers, pour qu'elle devienne quelquefois la honte et le scandale de la société, qui souffrira d'un pareil abus. Reconnaissons franchement, que dans l'esprit et le texte de la loi, il y a contradiction. Le titre *communautés religieuses*, indique assez que ce sont des êtres voués à Dieu par esprit de religion, et voués pour toujours. Vous leur imposez des règles sévères, et vous n'en agissez pas ainsi pour ces réunions que la loi civile régit, et qui cependant sont loin quelquefois de travailler pour le bien de la société.

» A quel point en sommes-nous venus, Messieurs,

de craindre, comme un tort fait à l'Etat, les dons que l'on ferait à Dieu, car c'est à lui que nous donnons dans la main du pauvre ! Quel abus avons-nous à redouter ? et combien, au contraire, n'avons-nous pas à espérer de ces pieuses libéralités ? L'Etat, permettant le libre exercice des droits de chacun, dans les communautés religieuses, ferait un sacrifice, je le veux, par la non circulation de quelques-uns de ces biens ; mais, quels sont ceux qu'il retirerait de sa condescendance, je devrais dire de sa justice ?... Vous les connaissez tous, Messieurs ; vous me dispenserez de les énumérer.... Alors la société se trouverait dédommagée au centuple ; elle aurait rempli un devoir qui porterait avec lui sa récompense : je ne puis donc attribuer qu'à l'esprit et aux craintes des jours où nous vivons, la réserve que je reproche à la loi. Chaque bien porte avec lui son fruit ; celui que l'on veut faire maintenant conduira, j'espère, à celui que je désire ; je m'en rapporte à vous, Messieurs, et au ministre zélé qui nous a présenté la loi.

» En adoptant cependant le projet qui nous est soumis, nous faisons un pas dans la carrière des améliorations : nous remplissons en partie le vœu de tous les bons Français, qui nous est exprimé d'une manière positive, par le nombre des communautés existant aujourd'hui sur le beau sol de notre patrie ; nous faisons un acte moral, qui doit toujours être le but du législateur.

» Regardons cette loi, Messieurs, comme le premier hommage que nous rendons à la religion et à la foi de nos pères. Ressouvenons-nous que cette religion s'établit en France avec Clovis ; qu'elle seule fonda la monarchie; qu'elle seule civilisa les Francs; que, par la pureté et la sublimité de sa doctrine, elle attira à elle tous les peuples, brisa les sceptres du paganisme, donna à la société chrétienne cette stabilité, cette fixité qui seule contribue à son bonheur. N'oublions pas que, dans cette session, qui a commencé par s'occuper des intérêts, si j'ose le dire, du Ciel et de la Terre, et qui finira par la cérémonie du Sacre du plus chéri des Rois, nous nous trouvons en regard de la postérité; que sur les bases que nous posons, peuvent s'élever encore les nouvelles prospérités de la France. Rappelons-nous que le siècle de Louis-le-Grand, s'énorgueillit de toutes les vertus religieuses, politiques et guerrières ; cherchons à les rappeler parmi nous ; elles y ont pris naissance, elles peuvent encore y grandir. Je vote pour la loi. »

M. le comte de Gerés, Député. ( Séance du 6 avril, Monit. n. 98 ), combattit l'article 5 , qui lui semblait apporter avec lui un principe destructeur de la loi. Il pensa qu'il serait plus convenable que les religieuses fussent restreintes à des vœux perpétuels, et reçussent une dotation fixe, renonçant ainsi à toute succession éventuelle.

Dans la même séance, M. le comte Duparc, D., dit que la loi laissait encore beaucoup à désirer, et que ce qui lui paraissait le plus défectueux, c'était la restriction aux legs et donations, prononcée par l'art. 5. « Eh quoi, Messieurs, ajouta-t-il, une religieuse à laquelle un séducteur, lui faisant oublier ses engagemens et ses devoirs, persuaderait de s'enfuir avec lui, pourrait lui laisser sa fortune entière, et si elle était restée vertueuse et fidèle, elle n'aurait pas pu faire, en faveur de la religion et de la vertu, la donation qu'elle ferait à l'immoralité? cela paraît d'autant plus extraordinaire, que d'après la loi du 2 janvier 1817, ces établissemens ne pouvaient accepter de legs, sans l'autorisation du Roi. Comment redouter de prétendus abus que rien ne peut faire prévoir, puisque l'Exposé des Motifs nous apprend que les quinze cents congrégations autorisées, n'ont reçu, en 1824, qu'une somme de 88,000 francs. Cette mesure exceptionnelle, que rien ne justifie, est d'autant plus étonnante sous le règne de Charles X, qu'elle empêcherait, à l'avenir, les personnes pieuses et riches de former ou d'agrandir des établissemens consacrés à la religion et à l'humanité, tandis que la Capitale en présente déjà deux à la vénération et à la reconnaissance de la France chrétienne. Comment, Messieurs, cette princesse admirable qui, pendant que son auguste famille présentait dans trois générations à-la-fois, des modèles d'honneur et de fidélité, offrit elle-même d'abord à l'Allemagne, et ensuite à la France, l'exemple de toutes les vertus chrétiennes, n'aurait pas le droit en 1826, si elle existait, de fonder cette réunion de Bénédictines dont elle était la mère et le soutien, et qui sont doublement estimables, puisqu'elles consacrent leur existence à donner une éducation chrétienne à la Jeunesse, comme à expier par leurs prières, les attentats odieux qui furent commis sur la famille royale, pendant sa captivité dans la prison du Temple.

» Eh quoi! Messieurs, la même exception frapperait cette digne fille de Sainte-Thérèse, qui, comme la princesse de Condé, sans dépouiller sa famille, avait pris seulement sur sa fortune, devenue considérable par la perte de ses parens victimes de la révolution, les fonds nécessaires pour acheter le couvent des Carmes de la rue de Vaugirard, et y entretenir une réunion de Carmelites, qui partagent avec elle la garde des tombeaux des martyrs de la foi, dont les vertus et la résignation sont encore tracées en caractères de sang, sur les murs et sur les pavés de l'église où ces religieuses sont constamment occupées à expier, par leurs larmes et leurs prières, les horribles forfaits des 2 et 3 septembre 1792. Ainsi donc, madame de Sagecourt, après douze ans de restauration, n'aurait pas eu la faculté de laisser à la postérité, un monument religieux et expiatoire qui, comme celui du Temple, perpétuera chez les nations futures, le souvenir des vertus les plus sublimes, en opposition aux crimes les plus atroces. Quelqu'indispensable qu'il me paraisse, Messieurs, de changer cet article, je crois devoir laisser au digne Prélat qui a présenté la loi, le mérite et l'honneur de l'initiative, pour la perfectionner dans une autre session.

»Nous devons d'ailleurs espérer, Messieurs, qu'un Gouvernement juste et fort, tel qu'il convient à la France, sentira l'indispensable nécessité d'offrir à l'ordre social, toutes les garanties possibles, en assurant le triomphe de la religion et de la légitimité, qui seules peuvent garantir la stabilité du trône de Saint-Louis, et préserver les générations futures des crimes et des malheurs qui ont désolé la France. Il s'empressera donc de saisir tous les moyens d'exciter, propager et conserver dans tous les cœurs, cet amour du Roi qui, pour la France royaliste est le *feu sacré;* et convaincu qu'il faut *tout faire pour le peuple et rien*

*par le peuple*, il sentira l'avantage et le besoin de
protéger et multiplier dans toutes les parties de la
France, les *congrégations religieuses* et celles des Frères
de *la Doctrine chrétienne.* C'est dans cette espérance
que je voterai pour la loi. »

(1) *Du quart.* « Par le motif énoncé en l'article pré-
cédent, dit l'Exposé des Motifs, aucune religieuse ne
pourra disposer ni en faveur de sa congrégation, ni
en faveur d'une de ses compagnes, au-delà du quart
de ses biens. Si par nos lois civiles, il est permis à
un père de famille de disposer du quart, quelquefois
du tiers et même de la moitié de ses biens, en faveur
d'un étranger, au détriment de ses propres enfans,
comment cette faculté ne serait-elle pas laissée, du
moins en partie, à toute religieuse, à l'égard d'une
pieuse association à laquelle elle aura dû son bonheur dans la vie présente, et ses plus douces espérances en la quittant ; d'une association d'ailleurs si
précieuse à l'Etat ?

» Eh quoi ! Messieurs, ajouta-t-il, ces filles généreuses
qui abandonnent le siècle pour s'immoler au bien de
leurs semblables, se consacrer aux soins de l'enfance,
des pauvres et des malades, sont-elles donc des étrangères arrivées au milieu de nous pour envahir nos
fortunes ? Ne sont-elles pas filles, sœurs, parentes,
alliées du reste des Français ? ne sont - elles pas
françaises comme nous ? Dignes de notre estime particulière et de la reconnaissance publique, qui donc
pourrait les voir avec un œil de jalousie et d'inquiétude, recueillir quelques modiques bienfaits ? N'est-ce
pas servir la société que de favoriser des institutions
si utiles à la société ? »

(2) Mgr l'archevêque de Paris, qui dès le commencement de la discussion sur l'art. 5, en avait proposé la suppression, demanda, avant que la Chambre délibérât sur son adoption ou son rejet (1), à présenter encore, dans l'intérêt des communautés religieuses, un amendement qui lui paraissait absolument nécessaire, si l'on ne voulait en quelque sorte réduire à rien le bienfait que l'on prétendait leur accorder. Il dit :

« Lorsqu'une religieuse se présente dans un couvent, il peut arriver, il arrive même fréquemment qu'elle n'a que bien peu de moyens d'existence. Si tout son avoir se réduit, par exemple, à une rente de 200 f., et que, dans ce cas même, on restreigne au quart ce dont elle peut disposer en faveur de l'établissement, comment veut-on qu'avec les 50 fr. de rente qu'elle pourra lui donner, il se charge de pourvoir à ses besoins ?

» Autrefois les religieuses, quoique privées du droit de disposer, pouvaient, en entrant dans la communauté, y apporter une dot qui, soit en rentes, soit en capital, pouvait s'élever jusqu'à une somme de 8,000 fr. Aujourd'hui que le prix de toutes les nécescessités de la vie est si considérablement augmenté, serait-ce faire trop que d'autoriser les religieuses à disposer en faveur de la communauté jusqu'à concurrence d'une rente de 500 fr., lorsque le quart disponible se trouverait inférieur à cette somme ? « Le noble Pair demanda que cette modification fût introduite dans l'article 5.

----

(1) Chambre des Pairs, séance du 8 février, Moniteur, n. 42.

M. le duc de Cases adoptant cette proposition, et reconnaissant la justesse des considérations qui la motivent, crut devoir proposer d'indiquer, au lieu d'une rente de 5oo fr., le capital de cette rente qui présente une somme de 10,000 fr., et d'y ajouter la condition que, dans tous les cas, la libéralité ne pourrait entraîner la réserve due aux termes des lois générales, aux ascendans et aux descendans. ( même séance du 8 février ).

« Cette réserve ne peut, dans aucuncas, être compromise, dit-il, et il faut que la loi s'en explique formellement. » Il proposa donc de rédiger dans ce sens l'amendement dont il s'agit. Selon lui, cet amendement se placerait à la suite du premier paragraphe, et pourrait être conçu en ces termes : *à moins que le don ou legs n'excède pas la somme de 10,000 fr., et autant que cette somme n'excéderait pas elle-même la portion disponible des biens de la donatrice.*

Cette dernière partie de l'amendement fut supprimée, de l'agrément même de son auteur, M. de Cases, sur les observations de M. le comte Portalis, qui estima que cette restriction était inutile. « La loi générale, en effet, dit-il, a réglé la portion disponible, et l'article du Code, qui en contient la fixation suivant les différens cas, s'applique aux donations en faveur des communautés comme à toutes les autres. Une abrogation formelle serait nécessaire pour qu'elle cessât d'avoir son effet, et il est évident que l'indication qu'on propose d'insérer dans le projet, du capital jusqu'à concurrence duquel les religieuses pourront disposer en faveur de la communauté, ne porte aucune atteinte aux règles générales de la matière. Il

demanda donc que l'amendement fût réduit à ce que
proposait originairement son auteur ( S. du 8 février,
Monit. n. 42 ).

« L'autorisation nécessaire du Gouvernement, pour
l'acceptation des legs et des donations, n'eût-elle pas
suffi pour rassurer les familles contre l'envahissement
de leurs biens, qu'on semble redouter de la part
des établissemens religieux, dit le rapporteur de la
Commission des Députés. Autrefois, dira-t-on, la loi
était plus rigoureuse : une religieuse frappée de mort
civile, portait une dot à la maison qui la recevait, et
ne possédait plus rien sur la terre ; mais autrefois la
loi reconnaissait les vœux perpétuels ; elle en répri-
mait l'infraction ; elle avouait des ordres monastiques,
là où nous reconnaissons des congrégations religieuses. — Que sont aujourd'hui ces congrégations ? Des
réunions libres de filles pieuses auxquelles on permet
d'élever la Jeunesse, de soulager les pauvres, de consoler les affligés. Leurs obligations sont facultatives ;
leurs liens ne sont pas indissolubles ; leurs vœux sont
indépendans de réflexions, et c'est à raison de ces
vœux, qu'une disposition législative vient les exclure
du droit commun. Nous sentons que la loi doit protéger les familles, prévenir leur spoliation. Nous con-
cevons quel a été l'embarras des auteurs du projet de
loi sur l'objet qui nous occupe, ajouta le même rapporteur, persuadé que le ministre qui nous présente
cette loi, a été comme nous frappé de ce qu'elle
offre d'incohérent. — Les réflexions pénibles se
pressent ici, Messieurs, et nous ne pouvons présenter l'adoption d'une telle disposition, sans gémir

sur le triste héritage que la révolution a légué à la restauration.

» Cependant la restriction mise à la faculté pour les religieuses, de disposer de leurs biens, cesse quand le don ou le legs n'excède point le capital de 10,000 fr.

« Si la religieuse est une veuve ayant des enfans, cette disposition est subordonnée à celle du Code civil, qui ne permet pas à une mère de déshériter ses fils. — Mais, hors de cette position, cette mesure est de toute justice; car, d'après le renchérissement de toutes choses, 10,000 fr. aujourd'hui ne représentent pas les 8,000 fr. auxquels autrefois la dot s'élevait en plusieurs couvens. Ce n'est pas trop payer la pension et le repos de toute la vie, les soins qu'exigent la vieillesse et les infirmités. — Une fille isolée, qui possédant 10,000 fr. les placerait en viager, ne serait pas accusée par personne de spolier sa famille. »

(3) *Donatrice.* On a prévu le cas qui se rencontre quelquefois, celui où une mère devenue veuve et sa fille, seraient membres de la même association; alors on laisse à l'une et à l'autre toute la liberté consacrée par les lois ( Exposé des Motifs ).

(4) Ce dernier alinéa fut ajouté par la Commission de la Chambre des Pairs. Son Rapporteur dit, que le but de la Commission, en proposant cet amendement, avait été de laisser aux communautés le temps nécessaire pour régulariser les arrangemens que l'état provisoire où elles se trouvaient, avait rendu indispensables; que ce silence de la loi sur ce point exposerait les communautés à voir passer dans des mains étran-

gères, les biens que l'on sait leur appartenir, et personne apparemment ne veut arriver à un pareil résultat. L'amendement doit donc être adopté, dit le même Rapporteur. Ajoutant encore qu'il saisissait cette occasion de confirmer ce qu'avait dit Mgr l'archevêque de Paris, relativement à la proposition par lui faite, de supprimer entièrement l'article 5. Il est vrai que cette proposition a été présentée à la Commission, continua-t-il, et qu'elle y a été discutée avec l'attention qu'elle mérite ; la Commission a même été partagée, mais la majorité s'étant prononcée pour le maintien de l'article, son Rapporteur a dû le proposer à la Chambre (Séance du 8 février, Mon. n. 42).

Dans la même séance, M. le comte de Ségur demanda que la rédaction des deux paragraphes de l'article 5 fût rectifiée, conformément à ce qui avait été décidé pour l'art. 4. *Vide suprà*, pages 66 et 67. On a supprimé, dans cet article, le mot de congrégation pour n'y laisser que celui d'établissemens. Les mêmes raisons devaient amener ici le même résultat. Il proposa donc de supprimer dans le deuxième paragraphe de l'article 5, le mot de *congrégation*, qui se trouvait joint à celui d'*établissemens*. — M. le comte Portalis estima que le mot de congrégation ne pourrait être maintenu dans l'article, sans que la Chambre parût rapporter la décision qu'elle avait prise sur l'article 4. Il appuya en conséquence l'amendement proposé, qui mis aux voix, fut adopté.

(5) On ne peut dire que c'est autoriser encore à éluder la loi, que d'accorder aux communautés qui s'établiront par la suite, un délai pour mettre en

règle ce que désormais on peut et l'on doit faire régulièrement dès l'origine ; en effet, M. le Rapporteur
de la Commission de la Chambre des Pairs, observa
que c'est au moment où une communauté s'établit, et
avant qu'elle ait pu obtenir, avee l'autorisation d'exister, la capacité légale d'acquérir, qu'elle est appelée le
plus ordinairement à recevoir, soit les immeubles,
soit les sommes destinées à la soutenir. « Or, dit-il,
comme elle ne peut à cette époque, ni accepter une
donation ni faire une acquisition, il arrivera souvent
que pour les premiers actes, on sera forcé d'avoir recours à des interpositions de personnes, et dès-lors
un délai quelconque est nécessaire, pour qu'après
l'autorisation obtenue, ces premiers actes puissent être
régularisés, sans préjudice pour l'établissement. Tel a
été le motif par lequel la Commission se détermina,
et dans lequel elle se crut fondée à persister.

» L'article 5 est purement restrictif à l'égard des droits
exercés par les membres des congrégations religieuses
de femmes, dit encore le même rapporteur ; il a été
l'objet d'une discussion très-longue dans votre Commission : tout en s'entendant sur les principes et dans
les intentions, on avait de la peine à les appliquer
d'une manière qui conciliât tout à-la-fois, le droit et
les convenances, la justice et l'intérêt des familles.

» Votre Commission a reconnu d'abord, qu'il fallait
des motifs bien graves, bien impérieux pour sortir du
droit commun, pour créer une sorte de privilége né-
gatif, pour priver d'une faculté légale, accordée à tous,
des personnes qui, loin d'avoir démérité aux yeux de
la société, semblent devoir attendre d'elle, une protection et une faveur spéciales, soit par la faiblesse

même de leur sexe, soit à raison de leur admirable dévouement pour le malheur et pour l'enfance, et de
toutes les autres vertus qu'on s'accorde généralement
à leur reconnaître.

» Les célibataires des deux sexes et les veufs sans enfans, peuvent, d'après la loi, disposer, et pendant leur
vie et à leur mort, de la totalité de leurs biens, en faveur de qui il leur plaît sans exception, et laisser dans
la misère, des neveux ou d'autres collatéraux aux de-
grés les plus proches.

» On a parlé de deux cas particuliers et uniques,
où la loi a prévu cette terrible captation, qui, dans
cette discussion, apparaît comme si redoutable à de
bons esprits; mais, par un respect nécessaire pour le
droit primitif et fondamental de la propriété, la loi
doit renoncer à prévenir une foule d'autres abus de ce
genre, et de scandales dont gémit la morale.

» Il n'y aurait donc que contre les religieuses, que
la loi s'armerait d'une sévère prévoyance !

» Bien plus ; des pères et des mères ont la liberté
d'appeler tout étranger au partage des biens de leurs
enfans et, suivant le nombre de ceux-ci, de disposer
d'une partie de leurs biens, qui peut aller jusqu'au
tiers et même à la moitié.

» Et une religieuse ne pourra donner que le quart
à cette communauté, à qui elle doit peut-être des le-
çons dès son enfance, de bons exemples pour tous les
âges, des consolations dans le malheur, une vie douce
et paisible sur la terre, et l'espérance la plus vive
d'une vie meilleure !

» Ajoutons, ce qu'il faut toujours se rappeler, que
la disposition de ce don, quel qu'il soit, sera soumise

7

à une condition qui n'a jamais lieu pour toutes les donations ordinaires; qu'il lui faudra subir l'examen d'un
conseil composé de magistrats et d'administrateurs
qui, chaque jour, dans des cas semblables, admettent
les réclamations des parens, font faire des enquêtes,
et donnent l'exemple de modifier ou de restreindre
les dons faits aux établissemens, même les plus favo-
rablement traités, à ceux qui sont voués à l'humanité
souffrante.

» Mais nous n'avons pas encore dit toutes les gênes
imposées par la loi.

» Cette même religieuse ne sera pas plus libre de dé-
passer la proportion du quart, dans ses dons à une com-
pagne, à une amie, qui peut être aussi sa parente, et
qui, sans aucun obstacle, aurait pu devenir la légataire de tout son bien, si, de leur habitation commune, la loi ne présumait pas qu'elles sont unies par
des liens intimes et indissolubles.

» Et que vos Seigneuries le remarquent : la puissance
de ces mêmes liens n'est cependant pas reconnue positivement par la société; elle ne leur prête aucune
force; elle ne garantit pas leur durée à ces deux êtres
entre lesquels elle établit des rapports exceptionnels,
ou plutôt entre lesquels elle rompt les rapports ordinaires de la loi commune.

» Ici, s'est encore présetnée à nous naturellement,
cette grave et immense question qui, jetée au milieu
de la discussion de l'année dernière, ne paraît pas encore mûre pour le moment actuel : la perpétuité des
vœux.

» Votre Commission n'a pas cru être appelée à la
traiter à fond, et a imité à cet égard la sage réserve

observée dans l'Exposé des motifs; on est plus d'une fois conduit à répéter qu'il ne faut pas être envieux du temps; peut-être, à la suite d'une expérience qui recommence depuis quelques années, nos enfans sont-ils destinés à revoir ces vœux perpétuels, et cette mort civile qui, non pas toujours, mais dans les derniers temps, en avait été la conséquence inséparable.

» Il faut observer avec franchise, que cette autre fiction de la loi, qui pouvait être utile, quand il s'agissait de restreindre dans certaines limites, des communautés richement dotées, aurait quelque chose de cruel et de dérisoire pour celles qui commencent sans aucune fondation publique, et ne peuvent, par conséquent, s'établir et se soutenir que par les dons volontaires des particuliers.

» On se refuserait à soupçonner qu'un esprit philosophique, à qui les vœux perpétuels inspirent toujours une si grande répugnance, ne songeât à se reconcilier avec eux que pour en faire une cause de ruine, ou plutôt de non existence pour ces mêmes établissemens auxquels il daignerait en faire la concession.

» Nous avons dû ne point dissimuler à vos Seigneuries, les objections qui seront sans doute produites dans cette Chambre, et qui déjà l'ont été au-dehors, contre la restriction proposée par le Gouvernement, dans l'article 5; cependant, votre Commission a compris et goûté les motifs qui combattent ces objections: vous en avez entendu l'exposé; vous pouvez vous rappeler encore tout ce que la précédente discussion leur a donné de développement et de force.

» Le Gouvernement a voulu mettre à profit, toutes

les lumières alors recueillies. Il a voulu rassurer toutes
les craintes de la raison et de la bonne foi, sur le dépouillement des familles ; ôter jusqu'au plus léger
prétexte , aux inquiétudes simulées et exagérées ; reconnaître et favoriser les sentimens naturels d'attachement pour ses parens, que la piété et l'amour de son
état ne font point abjurer à une religieuse ; enfin , le
Gouvernement a désiré inspirer pour les respectables
établissemens qui nous occupent , une juste et générale bienveillance, au lieu de cette défiance odieuse
que le génie du mal voudrait leur opposer.

» Votre Commission a pensé qu'il y avait presque
un excès de modération dans cette restriction du quart;
après avoir longuement discuté si elle ne vous proposerait pas de la fixer au tiers ou à la moitié , elle s'est
décidée, à la majorité , à adopter cette base importante de l'article 5 ; mais, tout en l'adoptant , et par
la raison même qu'elle l'adoptait, elle s'est convaincue
que ce même article exigeait nécessairement un amendement, sans lequel il ne remplirait pas complètement
les intentions du Gouvernement , ni celles de tous les
hommes de bonne foi.

» Que vos Seigneuries me permettent, à ce sujet,
d'entrer dans quelques développemens indispensables
pour leur faire bien saisir notre pensée.

» Quand on veut améliorer et régulariser l'existence
civile des congrégations religieuses de femmes, il faut
se rendre compte avec franchise et simplicité de leur
position actuelle.

» Le législateur voudrait ignorer et ne peut pas approuver les moyens toujours trop habiles par lesquels

on élude les lois existantes ; mais, avant tout, il doit connaître les faits exacts qui peuvent faire apprécier ces lois, et servir de base à une loi meilleure!

» Dans beaucoup de ces congrégations, dans toutes celles qui ne sont pas solennellement autorisées, la propriété de tout ce qu'elles ont pu acquérir depuis leur récente restauration, soit par leurs travaux manuels, soit par leurs économies ou les dons charitables des fidèles, la propriété même de la maison qui leur sert d'asile, et qui reçoit chaque jour ou des pauvres pour les panser, pour les soulager, ou des enfans pour les instruire, est sous le nom individuel d'un des membres de la congrégation, qui a laissé le tout par testament à plusieurs autres. Le choix des personnes sur la tête desquelles repose cette propriété commune, est sûrement déterminé par des considérations de prudence et de convenance, tout-à-fait étrangères à leur fortune personnelle, peut-être par une santé plus forte ou un âge moins avancé.

» Or, je suppose le projet actuellement proposé, devenu loi de l'Etat et immédiatement exécuté ; qu'une de ces propriétaires fictives vienne à mourir immédiatement après l'autorisation accordée, les trois quarts du bien commun, de la valeur de la maison à l'acquisition de laquelle toutes, peut-être, ont fait des sacrifices, passeraient à des parens qui n'y ont aucun droit quelconque ; et celles qui ont des droits véritables et incontestés, celles que la loi actuelle veut cependant encourager et favoriser, vont être dépouillées cruellement.

» Votre justice, votre humanité se révoltent contre

une telle supposition, et l'on sent la nécessité de chercher une rédaction qui la rende impossible.

» Si l'on accorde que c'est un désir bien légitime de
ne rien ôter aux congrégations religieuses, de ce qu'elles
possèdent actuellement, de ne pas leur faire subir une
sorte d'effet rétroactif, que toutes les législations pros-
crivent; enfin, de prendre leur état de situation comme
un point de départ, avant de passer à des dispositions
nouvelles, il faut chercher le moyen légal le plus simple, le plus clair, d'atteindre le but convenu.

» Serait-ce des déclarations demandées à chaque communauté, et comme un bilan qu'on exigerait d'elles?
Mais des souvenirs encore trop récens donnent quelque
chose d'odieux et d'inquisitorial à ces sortes de mesures, au secours desquelles on appelle bientôt les ser-
mens qui troublent la conscience de ceux à qui on les
demande, sans calmer la défiance de ceux qui les
exigent.

» De semblables déclarations deviendraient encore le
mode presque unique d'exécution pour tous les articles
par lesquels la loi déclarait l'intention de faire une distinction entre les biens acquis par la communauté, et
les biens patrimoniaux de ses membres : en cherchant
à rédiger de tels articles, nous avons rencontré une
foule de difficultés, et la crainte de compromettre les
droits sacrés de la justice et de la propriété, et celle
de nuire, contre notre intention, aux établissemens
qu'il faut protéger.

» L'idée qui nous a paru la plus simple, serait de
laisser à ces congrégations, un temps convenable, soit
après la promulgation de la loi, pour les établissemens

antérieurement autorisés, soit pour les autres, après l'autorisation accordée, afin de mettre en règle, et sous un nom commun, les propriétés qui leur appartiennent.

» La loi serait alors dispensée de beaucoup de prévisions et de dispositions de détail qui, autrement, la compliqueraient et l'embarrasseraient.

» Mais les esprits qu'on cherche à rassurer, ne vont-ils pas s'effaroucher encore de ce délai de quelques mois ? N'y découvriront-ils pas une sorte d'appel à toutes les transactions du zèle, pour dénaturer les biens, et dépouiller les familles ? Les craintes même les plus chimériques, peuvent exercer une grande influence dans cette discussion.

» Cependant, celles-ci nous ont semblé devoir disparaître devant les simples réflexions de la bonne foi.

» On ne saurait contester l'empire presque universel de ce sentiment naturel qui répugne à se dépouiller pendant sa vie de son propre bien ; les temps où nous avons vécu ne l'ont que trop justifié, en laissant de cruelles incertitudes sur l'avenir, en accoutumant à des vicissitudes continuelles dans la législation : il est des impressions profondes qui survivent encore longtemps, même après que les espérances s'accomplissent, et que la stabilité parait garantie.

» On sait de quelle réserve usent encore aujourd'hui, dans leurs arrangemens, les personnes mêmes dont nous nous occupons : en effet, elles ne peuvent pas regarder leur sort comme complétement assuré sous les rapports civils, tant que la société n'a pas reconnu et ne maintient pas l'indissolubilité de leurs engagemens.

» Rappelons-nous ce qui fut déclaré l'année der-

nière, à cette même tribune, par le ministre qui était
en état d'avoir les informations les plus exactes, sur
l'extrême rareté des donations faites aux congrégations, même autorisées. Enfin, il faut observer que le
délai accordé par notre amendement, ne donne aux
religieuses, aucune faculté de plus, que celles dont
elles jouissent librement depuis 1817; dans ces congrégations mêmes, déjà nombreuses, qui ont reçu
alors l'autorisation en masse.

» Le terme de six mois nous a paru raisonnable,
parce que tout le monde sait la lenteur presque inévitable de l'expédition des affaires, et que les donations légales faites par les religieuses à leur congrégation, même pour ce qui, sous leur nom, appartenait
réellement à la communauté, auront toujours besoin
de recevoir l'autorisation du Roi.

» Votre Commission vous propose donc avec confiance, l'amendement suivant qui serait le dernier paragraphe de l'article 5. »

« Le présent article ne recevra son exécution, pour
» les communautés déjà autorisées, que six mois après
» la publication de la présente loi, et pour celles qui
» seraient autorisées à l'avenir, six mois après l'autori-
» sation accordée. »

<h2 style="text-align:center">ARTICLE 6.</h2>

L'autorisation des congrégations religieuses
de femmes, ne pourra être révoquée que par
une loi.

L'autorisation des maisons particulières dépendant de ces congrégations, ne pourra être

révoquée qu'après avoir pris l'*avis* de l'évêque diocésain ; et avec les autres formes préscrites par l'article 3 de la présente loi.

———

Il a bien fallu prévoir ce qui arrive tôt ou tard aux choses humaines, porte l'Exposé des Motifs ; tout dégénère par le vice des hommes , tout s'use sous la main du temps ; il peut arriver qu'une congrégation soit supprimée. Eh bien, elle ne le sera que dans les formes rigoureuses et solennelles ; voulues pour son autorisation.

La troisième partie de la loi, ou les articles 6 et 7, sont destinés à régler des circonstances qui doivent être infiniment rares, dit le rapporteur de la Commission de la chambre des Pairs , mais que la prudence ordonne de prévoir : l'extinction d'une maison religieuse de femmes , ou la révocation de l'autorisation qui lui avait été donnée. Cette dernière mesure , qui ne peut être motivée que par des considérations d'une extrême gravité , sera entourée par des précautions les plus scrupuleuses, des formes les plus solennelles que la haute administration emploie dans ses actes les plus importans ; ce sont les mêmes formes qui ont précédé et accompagné l'autorisation accordée ; et rien n'est plus propre à rassurer ceux qui, dans leur zèle pour les congrégations religieuses, redoutent pour elles l'instabilité des ordonnances, et voudraient leur assurer par des lois expresses une garantie plus solide.

« L'article 6 parle d'autorisation *révoquée.*

» Votre Commission a pensé qu'il était plus conséquent et plus convenable de se servir de cette même expression dans l'article 7, qui suit immédiatement, et de la substituer à celle de *suppression* qui, dans l'état actuel de notre législation, présente le même sens ; car sous le règne des Bourbons, sous l'empire d'une sage liberté, on ne saurait supposer aucune de ces mesures illégales qui tendraient à la gêner.

Dans le projet, l'article 6 était ainsi conçu : « l'autorisation des congrégations ou maisons religieuses de femmes, ne pourra être révoquée que dans les formes prescrites par les articles 2 et 5 de la présente loi, pour leur autorisation. »

Cet article est un de ceux sur lesquels la Commission de la Chambre des Pairs, ne proposa aucun amendement ; mais dans la Chambre des Députés, il en fut proposé deux, l'un desquels se rattachait à l'article 3, et l'autre avait pour objet de mettre d'accord avec l'article 2, celui dont il s'agit, et qui serait rédigé dès-lors, de la manière suivante :

» L'autorisation des congrégations religieuses des femmes, ne pourra être révoquée que par une loi.

» L'autorisation des maisons particulières dépendantes de ces congrégations pourra être révoquée dans les formes prescrites pour leur établissement par l'article 3 de la présente loi.

» L'auteur de la rédaction, M. le baron Pasquier, fit observer que le changement qu'elle apportait aux dispositions de l'article 6 était la conséquence nécessaire de celui que, sur sa proposition, la Chambre avait jugé convenable d'apporter aux dispositions de l'art. 2. Cet article, dans son état actuel, réservant à la loi l'autorisation des congrégations, on ne pouvait laisser à l'ordonnance le pouvoir de révoquer cette autorisation, et par là se trouve justifiée la première partie de l'amendement; la seconde n'est que la disposition même du projet, moins ce qui en était applicable aux congrégations, et qui transfère et modifie le premier paragraphe.

» A la vérité, l'article 6, tel qu'il était originairement présenté, se rapportant aux articles 2 et 3 du projet, et exigeant pour la révocation des autorisations accordées, l'accomplissement des formes prescrites par ces articles, on ne pouvait sans inconvénient s'en tenir à la rédaction originaire, puisque d'après cette rédaction la forme législative exigée par l'article 2 pour l'autorisation, serait, aux termes de l'article 6, exigible pour la révocation. M. le baron Pasquier avoua qu'en rapprochant les deux articles et comparant attentivement leurs dispositions, on pouvait à toute force en tirer cette conséquence; mais, la loi, pour être comprise, doit-elle exiger un effort, dit-il, et la clarté n'est-elle pas au nombre de ses plus précieux attributs? l'amendement proposé n'eut-il d'autre mérite que de fixer irrévocablement le sens de l'article 6, on devrait s'empresser de l'adopter, mais son adoption est indispensable, pour établir une exacte concordance entre cet article et la disposition amendée de l'article 2. Cette rédaction fut adoptée.

Sur le deuxième paragraphe, M. le duc de Valentinois (séance du 8 février, Monit. n. 42), fit observer qu'il fallait dégager la prérogative royale des entraves qu'apporterait à son exercice, le refus du *consentement de l'évêque diocésain*, si ce consentement nécessaire d'après l'article 3, pour la formation d'un établissement religieux, était aussi, d'après l'article 6, néces-

saire pour sa suppression. C'est pour conserver dans
ce dernier cas, au chef de l'Etat, toute la plénitude de
son autorité, qu'il proposa de substituer à la disposition générale de l'article 6, qui exige pour la suppression d'un établissement religieux l'observation de
toutes les formes prescrites par les articles 2 et 3, une
disposition plus restreinte qui rendît nécessaire, non
le *consentement* de l'évêque diocésain, mais seulement
son *avis*.

M. le comte Portalis représenta envain, contre cette
proposition, qu'elle était trop restrictive des droits de
l'épiscopat; qu'il fallait sans doute conserver à l'autorité royale toute sa plénitude, mais en défendant les
droits du Monarque, il fallait aussi respecter ceux de
la puissance spirituelle. Si les anciens exemples étaient
ici de quelque poids, il rappellerait que pour la
translation ou l'union des maisons religieuses, on sui-
vait autrefois une forme particulière de procédure
canonique, dont les actes ne pouvaient être attaqués que
par appel comme d'abus. L'instruction de cette procédure était confiée à une commission ecclésiastique,
sur le rapport de laquelle l'évêque prononçait par
forme de décret. Des lettres patentes s'expédiaient
ensuite, et l'opération se trouvait consommée à la
satisfaction et par le concours des deux pouvoirs. Que
propose-t-on aujourd'hui ? dit-il, de supprimer ce concours et de réduire à un simple avis la part de l'évêque
diocésain. Une semblable proposition ne saurait être
accueillie. Dès qu'on admet dans l'Etat l'existence des
communautés religieuses, il faut admettre avec elles
toutes les conditions essentielles à leur régime, et la
reconnaissance du principe entraîne celle des consé-

quences. Le noble pair demanda qu'on laissât subsister pour la suppression comme pour la formation des établissemens religieux, la nécessité du consentement de l'évêque diocésain.

Il fut répondu par M. le comte Lanjuinais, qu'ici la différence des opinions venait de la confusion des termes. Il faut distinguer entre puissance et autorité, dit-il ; celle-ci conseille, mais l'autre ordonne. La puissance appartient aux rois, l'autorité seule aux évêques. Saint-Augustin le reconnaît expressément, quand il dit que l'Eglise ne procéde que *par le droit de César*. Il est nécessaire, il est utile, que la puissance consulte, mais quand elle a pris conseil et manifesté définitivement sa volonté, aucune résistance invincible n'en doit paralyser l'effet.

M. le marquis de Castellan ajouta qu'il ne concevait pas qu'on voulût maintenir une disposition en vertu de laquelle pourrait continuer de subsister dans l'État, une communauté religieuse dont le Monarque aurait jugé la suppression nécessaire. On parle d'anciennes doctrines, dit-il encore, mais n'est-ce pas sous leur empire qu'ont été supprimées des congrégations célèbres qui couvraient le sol de la France ?

La substitution proposée du mot *avis* à celui du *consentement* fut adoptée. ( séance du 8 février, Monit. n° 42 ).

## ARTICLE 7.

En cas d'extinction d'une congrégation ou maison religieuse de femmes, ou de révocation de l'autorisation qui lui aurait été accordée, les biens acquis par donation entre-vifs ou par disposition à cause de mort, feront retour aux donateurs ou à leurs parens, au degré successible, ainsi qu'à ceux des testateurs au même degré.

Quant aux biens qui ne feraient pas retour, ou qui auraient été acquis à titre onéreux, ils seront attribués et répartis, moitié aux établissemens ecclésiastiques, moitié aux hospices des départemens dans lesquels seraient situés les établissemens éteints.

La transmission sera opérée avec les charges et obligations imposées aux précédens possesseurs.

Dans le cas de révocation prévu par le premier paragraphe, les membres de la congrégation ou maison religieuse de femmes auront droit à une pension alimentaire qui sera prélevée : 1° sur les biens acquis à titre onéreux;

2° Subsidiairement, sur les biens acquis à titre gratuit, lesquels, dans ce cas, ne feront retour aux familles des donateurs ou testateurs qu'après l'extinction desdites pensions.

———

Il est convenable que le Gouvernement, que les agens du pouvoir soient ici parfaitement désintéressés, qu'on ne puisse les soupçonner d'avoir détruit dans des vues peu généreuses. Voilà pourquoi la loi proposée veut que les biens acquis à titre gratuit par la congrégation, fassent retour aux familles, et que les autres genres de biens tournent au profit des établissemens utiles (Mgr le ministre des Affaires Ecclésiastiques, Exposé des motifs).

Le rapporteur de la Commission de la Chambre des Pairs, après avoir proposé un amendement de simple rédaction sur l'art. 6 ajouta : « Nous en proposons un autre semblable dans le même article 7, pour rendre plus correcte la fin du premier paragraphe qui ordonne le retour aux donateurs. Mais il est un troisième amendement plus essentiel que nous devons expliquer brièvement. Il nous a paru impossible que la prévoyance de la loi ne s'étendît pas encore plus loin que dans le projet, et qu'elle ne songeât pas à fixer le sort des membres individuels d'une congrégation de femmes, dont l'autorisation serait révoquée. La voix de la justice et de l'humanité se fait encore ici entendre assez haut pour que je sois dispensé de développer longuement nos motifs. L'amendement pourrait faire un dernier paragraphe de l'article et être ainsi rédigé :

« Dans le cas de révocation prévu par le premier paragraphe, les membres de la congrégation, etc., auront droit à une pension alimentaire qui sera prélevée, 1° sur les biens acquis à titre onéreux ; 2° subsidiairement, sur les biens acquis à titre gratuit, lesquels, dans ce cas, ne feront retour aux familles des donateurs ou testateurs qu'après l'extinction desdites pensions. »

L'article 7 du projet, s'exprimait en ces termes :

» En cas de suppression ou d'extinction d'une congrégation ou maison religieuse de femmes, les biens acquis par donation entre-vifs ou par disposition à cause de mort, feront retour aux donateurs ou testateurs, ou leurs parens, au degré successible.

» Quant aux biens qui ne feraient pas retour, ou qui auroient été acquis à titre onéreux, ils seront attribués et répartis, moitié aux établissemens ecclé-siastiques, moitié aux hospices des départemens dans lesquels les établissemens supprimés ou éteints se-raient situés.

» La transmission sera opérée avec les charges et obligations imposées aux précédens possesseurs.

Sur cet article, la Commission de la Chambre des Pairs proposa ainsi qu'on l'a vu déjà, divers amende-mens qui en modifiaient en plusieurs points la rédac-tion et les dispositions.

Le premier, qui n'était que de simple rédaction, tendait à substituer dans le premier paragraphe de l'article, à cet énoncé : *En cas de suppression ou d'ex-tinction d'une congrégation ou maison, religieuse de femmes*, cet autre énoncé : *En cas d'extinction d'une congrégation ou maison religieuse de femmes, ou de révocation de l'autorisation qui lui aurait été accordée.*

M. le Président mit aux voix cette substitution ; et elle fut adoptée par la Chambre.

Un second amendement, qui était aussi de rédaction, consistait à séparer dans la disposition finale du même paragraphe, relatif au retour des biens donnés, ce qui concernait les donateurs et les testateurs, en cette manière. : *Feront retour aux donateurs ou à leurs pa-rens au degré successible, ainsi qu'à ceux des testateurs au même degré.*

La Chambre consultée adopta cette rédaction.

Enfin, un troisième amendement avait pour objet une disposition additionnelle tendante à fixer, dans le

cas de révocation, le sort des membres de la congrégation ou maison religieuse dont l'autorisation aurait
été révoquée. Cette disposition, qui se place naturellement après le troisième et dernier paragraphe de
l'article était ainsi conçue :

« Dans le cas de révocation prévu par le premier
paragraphe, les membres de la congrégation ou maison
religieuse de femmes, etc., ( *comme dans la loi* ) ;
cette disposition mise aux voix par M. le président,
fut adoptée par la Chambre.

## ARTICLE 8.

Toutes les dispositions de la présente loi, autres que celles qui sont relatives à l'autorisation,
sont applicables aux congrégations et maisons
religieuses de femmes, autorisées antérieurement à la loi du 2 janvier 1817.

Cet article fut adopté sans discussion dans les
termes du projet (séance P., 8 février, Monit. n. 42).

Quel sera le sort des congrégations autorisées avant
la loi du 2 janvier 1817 ? Elles continueront d'être ce
qu'elles sont, dit l'exposé des motifs ; rien n'est changé
à leur égard dans ce qui concerne l'autorisation ; mais,
pour la formation de quelque nouvel établissement,
et leur capacité civile, elles seront régies par la présente loi.

L'article 8 et dernier, dit le rapporteur de la Commission de la Chambre des Pairs, détermine le mode
d'application de la présente loi aux congrégations
antérieurement autorisées. Il ne faut pas se dissimuler

8

que cette application est sévère, puisque celleslà n'ont rien à gagner, et qu'elles vont subir une condamnation nouvelle et être renfermées dans la limite étroite du quart ; mais on peut tout espérer des sentimens purs et élevés qui animent ces personnes trop long-temps calomniées ; elles seront toujours prêtes à faire des sacrifices au bien public et à la tranquillité des familles.

On a pu trouver rigoureuse, dit le rapporteur de la Commission de la Chambre des Députés , la disposition de l'article 8, qui soumet aux restrictions de l'article 5, les communautés autorisées antérieurement à la loi de 1817. Votre Commission a pensé néanmoins qu'une même jurisprudence devait peser sur des établissemensde la même nature, souvent du même institut ; elle vous propose de maintenir cet article.

## *Instruction ministérielle relative à l'exécution de la loi des Congrégations religieuses.*

Art. 1.er Toute congrégation ou maison particulière *définitivement* autorisée avant la loi du 2 janvier 1817, soit par décret , soit par ordonnance royale , demeure reconnue, et n'est obligée, en aucune manière , de demander une nouvelle autorisation.

2. Parmi les congrégations, il en est qui existaient de fait avant le 1.er janvier 1825, et qui, sans être autorisées, ont pu librement se former et se propager ; maintenant, pour qu'elles puissent avoir une existence légale , et jouir des avantages qui y sont attachés , comme la faculté de recevoir, d'acquérir et de posséder, il faut qu'une demande en autorisation, accom-

pagnée des statuts revêtus de l'approbation de l'évêque diocésain, soit transmise au ministre des Affaires Ecclésiastiques et de l'instruction publique, si toutefois elle n'a été déjà adressée au Gouvernement, dans l'intervalle du 2 janvier 1817, au 1.er janvier 1825.

3. La communication des réglemens particuliers sur la discipline intérieure des maisons, tels que ceux qui fixent les heures, la nature et la durée des exercices religieux, n'est pas nécessaire; il suffit de faire connaître les statuts, c'est-à-dire les points fondamentaux qui déterminent le but, le régime général de la congrégation.

4. Après que les formalités prescrites par l'article 2 de la présente loi auront été remplies, ces congrégations et maisons particulières, aux termes du même article, pourront être autorisées par une ordonnance royale.

5. Une congrégation se compose ou d'établissemens qui reconnaissent une supérieure générale, comme celle des Filles de Saint-Vincent de Paul, ou d'établissemens qui ne reconnaissent qu'une supérieure locale, et qui sont indépendans les uns des autres, encore qu'ils soient soumis aux mêmes règles et statuts, comme la congrégation des religieuses Urselines.

6. Pour les unes comme pour les autres de ces congrégations, lorsque les statuts qui les régissent auront été vérifiés et enregistrés une première fois, il suffira, dans la demande en autorisation de chaque établissement, de déclarer que ces statuts sont adoptés et suivis par les religieuses qui le composent, et l'autorisation pourra être accordée d'après le consentement

8.

de l'évêque diocésain et l'avis des conseils municipaux.

7. Les Sœurs d'école et de charité, placées dans un local fourni par une commune, ou dans un hospice, ne seront censées former un établissement susceptible d'être autorisé par le Roi, qu'autant que l'engagement de la congrégation avec la commune ou l'hospice serait à perpétuité.

8. La supérieure générale d'une congrégation, conserve une action immédiate sur tous les sujets qui en dépendent ; elle a le droit de les placer et déplacer, de les transférer d'un établissement dans un autre, de surveiller le régime intérieur et l'administration. Mais chaque établissement n'en demeure pas moins soumis, dans les choses spirituelles, à l'évêque diocésain ; cette reconnaissance de l'autorité spirituelle des ordinaires, doit toujours être exprimée dans les statuts.

9. Nul établissement autorisé comme faisant partie d'une congrégation à supérieure générale, ne peut s'en séparer, soit pour s'affilier à une autre congrégation, soit pour former une maison supérieure locale, indépendante, sans perdre, par cela seul, les effets de son autorisation.

10. Tout acte émané du Saint-Siége, portant approbation d'un institut religieux, ne pourrait avoir d'effet qu'autant qu'il aurait été vérifié dans les formes voulues pour la publication des bulles d'institution canonique.

11. Nul doute que les communautés religieuses ne puissent déclarer dans leurs statuts, que les membres qui les composent, se lient par des vœux ; mais, la loi civile ne prêtant son appui et sa force qu'à des vœux qui n'excéderaient pas cinq ans, des statuts

qui exprimeraient la perpétuité des vœux, ne recevraient pas d'approbation légale.

12. La loi n'interdit point aux religieuses, la libre jouissance de leurs biens patrimoniaux, et autres qu'elles possèdent, ou qui pourraient leur écheoir : ici, leurs droits sont ceux du reste des Français : elles peuvent même disposer de leurs biens, soit par donation, soit par testament; il n'est dérogé à leur égard au droit commun, que dans les cas déterminés par l'article 5 de la loi.

13. Mais comme il était notoire que les propriétés de beaucoup d'établissemens, même leur habitation avec ses dépendances, avaient été acceptées ou acquises par l'un ou quelques-uns de leurs membres, la loi a voulu empêcher le tort que ces établissemens pourraient souffrir de l'exécution immédiate de cet article 5. En conséquence, si une religieuse veut disposer en faveur de sa communauté, elle reste dans le droit commun pendant six mois, à dater du 2 juin 1825, jour de la promulgation de la loi, s'il s'agit d'établissemens déjà autorisés définitivement; et pendant six mois, à dater du jour de l'autorisation définitive, s'il s'agit d'établissemens qui, existant de fait au 1.er janvier 1825, pourront être autorisés à l'avenir.

14. Les religieuses doivent bien se pénétrer de cette disposition si favorable à leur communauté, et ne pas négliger d'en profiter en temps utile; il suffira pour cela que la donation et la demande en autorisation pour accepter, soient faites dans les délais fixés par la loi; mais comme ces délais sont de rigueur, une fois qu'ils seraient passés, il ne serait plus permis, ni possible, d'empêcher l'exécution des dispositions textuelles de cette loi.

15. Les actes de donations doivent contenir l'énonciation des sommes dues et hypothéquées sur les biens cédés, pour que la transmission de ces dettes soit comprise dans l'ordonnance qui autorisera l'acceptation de la donation.

16. Tous dons et legs qui seraient faits à l'avenir à des établissemens de religieuses, doivent être acceptés par la supérieure générale des congrégations dont ils font partie, ou par la supérieure locale des maisons qui ne reconnaissent pas de supérieure générale, à la charge, dans l'un et l'autre cas, de donner aux libéralités, la destination voulue par les donateurs ou testateurs.

17. La demande en autorisation d'accepter, sera transmise au ministre, revêtue de l'avis de l'évêque dans le diocèse duquel se trouve l'établissement donataire ou légataire; elle sera communiquée au préfet, pour qu'il fournisse ses renseignemens sur les réclamations qui pourraient être faites.

18. Les dispositions des lois et réglemens qui prescrivent les formalités à remplir par les établissemens d'utilité publique pour acquisitions, aliénations, et, en général pour l'administration des biens, sont applicables aux actes de cette nature concernant les congrégations et communautés qui serontreprésentées, suivant les cas, par la supérieure générale, ou par la supérieure locale.

19. Conformément aux dispositions de la loi du 16 juin 1824, il ne doit être perçu, pour l'enregistrement des actes d'acquisition, de donation ou de legs au profit des congrégations et communautés définitivement autorisées, que le droit fixe de dix francs.

20. Conformément aux dispositions de l'article 6 de l'ordonnance du 2 avril 1817, les acquisitions et emplois en rentes constituées sur l'État ou sur les villes, ne sont point assujettis à la nécessité d'une autorisation spéciale ; mais les rentes ainsi acquises seront immobilisées, et ne pourront être aliénées sans la permission du Roi.

21. Les préfets, ainsi qu'il est prescrit par la même ordonnance du 2 avril 1817, autoriseront l'acceptation de tout don et legs en argent ou effets mobiliers, dont la valeur n'excédera pas trois cents francs.

22. Les registres de chaque établissement, où seront inscrits tous les actes, délibérations, comptes en recette et dépense, quoique sur papier non timbré, seront cotés et paraphés par la supérieure, et tenus sans lacune.

*Approuvé par nous, ministre Secrétaire-d'État au département des Affaires Ecclésiastiques et de l'instruction publique,*

† DENIS, *évêque d'Hermopolis.*

Paris, le 17 juillet 1825.

# DEUXIÈME PARTIE.

Nous divisons cette partie en deux paragraphes. Le premier contient les Lois, Ordonnances et Décrets, qu'il est utile de connaître, relatifs aux communautés ou associations religieuses ; le second renferme l'annotation de divers arrêts qui ont statué sur certains points en cette matière, et la solution des questions que la loi nouvelle fait naître.

## § I.er

### *Lois, Ordonnances et Décrets.*

Art. 910 (Code civil). Les dispositions entre-vifs ou par testament au profit des hospices, des pauvres d'une commune, ou d'établissemens d'utilité publique, n'auront leur effet qu'autant qu'elles seront autorisées par une Ordonnance royale.

### *Décret du 30 juillet 1804.*

Art. 1.er A compter du jour de la publication du présent décret, l'aggrégation ou association connue sous les noms de *Pères de la Foi,* d'*Adorateurs de Jésus* ou *Pacanaristes,* actuellement établie à Belley, à Amiens, et dans quelques autres villes de France, sera et demeurera dissoute.

Sont pareillement dissoutes , toutes autres aggrégations ou associations formées sous prétexte de religion , et non autorisées.

Art. 2. Les ecclésiastiques composant lesdites aggrégations ou associations , se retireront sous le plus bref délai dans leur diocèse , pour y vivre conformément aux lois, et sous la juridiction de l'ordinaire.

Art. 3. Les lois qui s'opposent à l'admission de tout ordre religieux , dans lequel on se lie par des vœux perpétuels , continueront d'être exécutées selon leur forme et teneur.

Art. 4. Aucune aggrégation ou association d'hommes ou de femmes , ne pourra se former à l'avenir sous prétexte de religion , à moins qu'elle n'ait été formellement autorisée par un décret, sur le vu des statuts et réglemens selon lesquels on se proposerait de vivre dans cette aggrégation ou association.

Art. 5. Néanmoins , les aggrégations connues sous les noms de *Sœurs de la Charité* , de *Sœurs Hospitalières* , de *Sœurs de Saint-Thomas* , de *Sœurs de Saint-Charles* , et de *Sœurs Vatelottes* , continueront d'exister, en conformité des arrêtés des 1.er nivôse an 9 , 24 vendémiaire an 11, et des décisions des 28 prairial an 11, et 22 germinal an 12 ; à la charge, par lesdites aggrégations, de présenter , sous le délai de six mois, leurs statuts et réglemens, pour être vus et vérifiés en Conseil-d'État , sur le rapport du Conseiller-d'État chargé de toutes les affaires concernant les cultes.

Art. 6. Nos procureurs-généraux près nos Cours , et nos procureurs, sont tenus de poursuivre ou faire poursuivre, même par la voie extraordinaire, suivant l'exigence des cas, les personnes de tout sexe, qui contreviendraient directement ou indirectement au présent décret, qui sera inséré au Bulletin des lois.

Art. 7. Le Grand-Juge, ministre de la justice, et le Conseiller-d'État, chargés de toutes les affaires concernant les cultes, sont chargés de l'exécution du présent décret.

## Décret du 25 janvier 1807.

Les tribunaux ne sont pas compétens pour prononcer *l'incapacité* des légataires, et déclarer caducs des legs faits aux pauvres, ou à des Sœurs de la Charité, lorsque les bureaux de bienfaisance ont été autorisés par le Gouvernement à accepter ces legs.

## Décret du 18 février 1809, relatif aux congrégations des maisons hospitalières de femmes.

### SECTION Iʳᵉ.

### *Dispositions Générales.*

Art. 1.ᵉʳ Les congrégations ou maisons hospitalières de femmes, savoir, celles dont l'institution a pour but de desservir les hospices, d'y servir les infirmes, les malades et les enfans abandonnés, ou de porter aux pauvres, des soins, des secours, des remèdes à domicile, sont placées sous la protection. . . . . . .

2. Les statuts de chaque congrégation ou maison séparée, seront approuvés par nous, et insérés au Bulletin des lois, pour être reconnus et avoir force d'institution publique.

3. Toute congrégation d'hospitalières dont les statuts

n'auront pas été approuvés et publiés avant le 1.<sup>er</sup> janvier 1810, sera dissoute.

4. Le nombre des maisons, le costume et les autres privilèges qu'il est dans notre intention d'accorder aux congrégations hospitalières, seront spécifiés dans les brevets d'institution.

5. Toutes les fois que des administrations des hospices ou des communes, voudraient étendre les bienfaits de cette institution aux hôpitaux de leur commune ou arrondissement, les demandes seront adressées par les préfets à notre ministre des cultes, qui, de concert avec les supérieures des congrégations, donnera des ordres pour l'établissement des nouvelles maisons; quand cela sera nécessaire, notre ministre des cultes soumettra l'institution des nouvelles maisons à notre approbation.

## SECTION II.

### *Noviciats et Vœux.*

6. Les congrégations hospitalières auront des noviciats, en se conformant aux règles établies à ce sujet par leurs statuts.

7. Les élèves ou novices, ne pourront contracter des vœux si elles n'ont seize ans accomplis. Les vœux des novices âgées de moins de vingt-un ans, ne pourront être que pour un an. Les novices seront tenues de présenter les consentemens demandés pour contracter mariage, par les articles 148, 149, 150, 159 et 160 du Code civil.

8. A l'âge de vingt-un ans, ces novices pourront s'engager pour cinq ans. Ledit engagement devra être fait en présence de l'évêque (ou d'un ecclésiastique

délégué par l'évêque ), et de l'officier civil , qui dressera l'acte et le consignera sur un registre double, dont un exemplaire sera déposé entre les mains de la supérieure, et l'autre, à la municipalité ( et pour Paris, à la préfecture de police. )

## SECTION III.

### *Revenus, Biens et Donations.*

9. Chaque hospitalière conservera l'entière propriété de ses biens et revenus, et le droit de les administrer et d'en disposer conformément au Code civil.

10. Elle ne pourra, par actes entre-vifs , ni y renoncer au profit de sa famille , ni en disposer, soit au profit de la congrégation , soit en faveur de qui que ce soit.

11. Il ne sera perçu , pour l'enregistrement des actes de donations, legs ou acquisitions, légalement faits en faveur des congrégations hospitalières , qu'un droit fixe d'un franc.

12. Les donations seront acceptées par la supérieure de la maison, quand la donation sera faite à une maison spéciale, et par la supérieure générale , quand la donation sera faite à toute la congrégation.

13. Dans tous les cas, les actes de donation ou legs , doivent , pour la demande d'autorisation à fin d'accepter , être remis à l'évêque du lieu du domicile du donateur ou testateur, pour qu'il les transmette, avec son avis , à notre ministre des cultes.

14. Les donations, revenus et biens des congrégations religieuses, de quelque nature qu'ils soient, seront possédés et régis conformément au Code civil; et ils ne pourront être administrés que conformément

à ce Code, et aux lois et réglemens sur les établissemens de bienfaisance.

15. Le compte des revenus de chaque congrégation ou maison séparée, sera remis, chaque année, à notre ministre des cultes.

### Setcion IV.

#### *Discipline.*

16. Les dames hospitalières seront, pour le service des malades ou des pauvres, tenues de se conformer, dans les hôpitaux ou dans les autres établissemens d'humanité, aux réglemens de l'administration.

Celles qui se trouveront hors de service par leur âge ou par leurs infirmités, seront entretenues aux dépens de l'hospice dans lequel elles seront tombées malades ou dans lequel elles auront vieilli.

17. Chaque maison, et même celle du chef-lieu, s'il y en a, sera, quant au spirituel, soumise à l'évêque diocésain, qui la visitera et réglera inclusivement.

18. Il sera rendu compte à l'évêque, de toutes peines de discipline autorisées par les statuts, qui auraient été infligées.

19. Les maisons des Gongrégations hospitalières, comme toutes les autres maisons de l'État, seront soumises à la police des maires, des préfets et officiers de justice.

20. Toutes les fois qu'une sœur hospitalière aurait à porter des plaintes sur des faits contre lesquels la loi prononce des peines de police correctionnelle, ou autres plus graves, la plainte sera renvoyée devant les juges ordinaires.

21. Notre grand-juge ministre de la justice, et nos

ministres des cultes, de l'intérieur, des finances, et de la police générale, sont chargés, chacun en ce qui le concerne, de l'exécution du présent décret.

## *Ordonnance du 10 juin 1814.*

LOUIS, etc.

Sur le rapport de notre ministre Secrétaire-d'État de l'intérieur. — Le Roi, en son Conseil, a ordonné et ordonne ce qui suit:

ART. 1.er Il n'est rien innové relativement à l'autorisation par le Gouvernement, des fondations, dons et legs faits en biens-immeubles aux Eglises, Séminaires, Fabriques, Hospices, Associations religieuses, et autres établissemens publics autorisés et reconnus, et de ceux qui leur seront faits en argent, s'ils excèdent la somme capitale de mille francs; non plus qu'à celle attribuée aux préfets, de pareils fondations, dons et legs faits à ces mêmes établissemens, quand la valeur des sommes ou effets mobiliers donnés, n'excédera pas trois cents francs.

Ces autorisations d'accepter, seront accordées sur l'acceptation provisoire des évêques diocésains, quand il y aura charge de service religieux, et sur le rapport de notre ministre chargé des cultes, quand elles devront émaner du Gouvernement.

ART. 2. Les dons et legs faits en argent, qui s'élèveront de trois cents à mille francs, et ceux qui le seront en effets mobiliers, à quelque somme que puisse s'en porter la valeur, seront soumis pour l'autorisation, sur l'avis des préfets, à notre ministre chargé des cultes, qui pourra accorder ou refuser l'autorisation.

ART. 3. Les arrêts et arrêtés d'autorisation détermineront l'emploi des sommes données, ainsi que la conservation ou la vente des effets mobiliers, d'après ce qui sera jugé le plus convenable aux besoins et aux intérêts des Eglises et autres établissemens publics légataires, sans qu'il y ait obligation de le faire en rentes sur l'État.

## Loi du 2 janvier 1817.

ART. 1.er Tout établissement ecclésiastique reconnu par la loi, pourra accepter, avec l'autorisation du Roi, tous les biens-meubles, immeubles ou rentes, qui lui seront donnés par actes entre-vifs, ou par acte de dernière volonté.

ART. 2. Tout établissement ecclésiastique reconnu par la loi, pourra également, avec l'autorisation du Roi, acquérir des biens-immeubles ou des rentes.

ART. 3. Les immeubles ou rentes appartenant à un établissement ecclésiastique, seront possédés à perpétuité par ledit établissement, et seront inaliénables, à moins que l'aliénation ne soit autorisée par le Roi.

## Ordonnance du 2 avril 1817.

ART. 1.er Conformément à l'article 910 du Code civil, et la loi du 2 janvier 1817, les dispositions entre-vifs, ou par testament, de biens-meubles et immeubles au profit des Eglises, des Archevêchés et Evêchés, des Chapitres, des grands et des petits Séminaires, des Cures et des Succursales, des Fabriques, des Pauvres, des Hospices, des Colléges, des Communes; et, en général, de tout établissement d'utilité publique et de toute association religieuse reconnue par la loi, ne pourront être acceptées qu'après avoir été autorisées par nous, le Conseil-d'Etat entendu, et sur l'avis préalable de nos préfets et de nos évêques, suivant les divers cas.

L'acceptation de dons ou legs en argent ou objets mobiliers, n'excédant pas trois cents francs, sera autorisée par les préfets.

ART. 2. L'autorisation ne sera accordée qu'après l'approbation provisoire de l'évêque diocésain, s'il y a charge de services religieux.

ART. 3. L'acceptation desdits legs ou dons, ainsi autorisée, sera faite, savoir:

Par les évêques, lorsque les dons ou legs auront pour objet leur évêché, leur cathédrale ou leurs séminaires.

Par les doyens des Chapitres, si les dispositions sont faites au profit des Chapitres.

Par le curé ou desservant, lorsqu'il s'agira de legs ou dons faits à la cure ou succursale, ou pour la subsistance des ecclésiastiques employés à la desservir.

Par les trésoriers des fabriques, lorsque les donateurs ou testateurs auront disposé en faveur des fabriques, ou pour l'entretien des Eglises et le Service Divin.

Par la supérieure des associations religieuses, lorsqu'il s'agira de libéralités faites au profit de ces associations.

Par les consistoires, lorsqu'il s'agira de legs faits pour la dotation des pasteurs ou pour l'entretien des temples.

Par les administrateurs des hospices, bureaux de charité et de bienfaisance.

Par les administrateurs des colléges, quand les dons

ou legs auront pour objet des colléges, ou des fondations de bourses pour les étudians, ou des chaires nouvelles ; par les maires des communes, lorsque les dons ou legs seront faits au profit de la généralité des habitans, ou pour le soulagement et l'instruction des pauvres de la commune.

Et enfin, par les administrateurs de tous les autres établissemens d'utilité publique, légalement constitués, pour tout ce qui sera donné ou légué à ces établissemens.

ART. 4. Les ordonnances et arrêtés d'autorisation, déterminent, pour le plus grand bien des établissemens, l'emploi des sommes données, et prescrivent la conservation ou la vente des effets mobiliers, lorsque le testateur ou le donateur auront omis d'y pourvoir.

ART. 5. Tout notaire, ou dépositaire d'un testament contenant un legs au profit de l'un des établissemens ou titulaires mentionnés ci-dessus, sera tenu de leur en donner avis, lors de l'ouverture ou la publication du testament.

En attendant l'acceptation, le chef de l'établissement ou le titulaire fera les actes conservatoires qui seront nécessaires.

ART. 6. Ne sont point assujettis à la nécessité de l'autorisation, les acquisitions et emplois en rentes constituées sur l'Etat ou les villes, que les établissemens ci-dessus désignés pourront acquérir dans les formes de leurs actes ordinaires d'administration.

Les rentes ainsi acquises seront immobilisées, et ne pourront être aliénées sans autorisation.

ART. 7. L'autorisation pour l'acceptation, ne fera aucun obstacle à ce que les tiers intéressés se pour-

9

voient par les voies de droit contre les dispositions dont l'acceptation aura été autorisée.

*Décret du 12 août 1807 qui autorise les Dames charitables connues dans le diocèse de Metz, sous le nom de* Sœurs de l'Enfance de Jésus et de Marie, *à se réunir en communauté.*

ART. I<sup>er</sup>. Les dames charitables connues, dans le diocèse de Metz, sous le nom de *Sœurs de l'Enfance de Jésus et de Marie*, dites *de Sainte-Chrétienne*, et qui se consacrent à l'instruction des filles de la classe indigente et au soulagement des pauvres malades, pourront se réunir en communauté, et y vivre conformément aux statuts et réglemens annexés au présent décret.

2. Il sera tenu, dans la principale maison de l'association ou *mère-école*, un registre où seront inscrits, l'un après l'autre et de suite, les noms de toutes les sœurs composant actuellement l'association, avec leurs prénoms, âge, lieu de naissance, leur dernier domicile, les noms, prénoms et domicile de leurs pères et mères, s'ils sont vivans, ou mention de leur décès, s'ils sont décédés. Ce registre sera coté et parafé par le préfet ou le sous-préfet. Chaque sœur signera l'article qui la concerne, avec la directrice générale et le supérieur ecclésiastique. Il sera tenu double, et l'un des deux restera déposé à la mairie du lieu.

3. Chaque fois qu'une femme sera agrégée à l'association, les engagemens qu'elle prendra seront inscrits sur le même registre, de la même manière et avec les mêmes formalités.

4. Il sera tenu un registre coté et parafé de même, dans chacun des établissemens particuliers de l'institution, où seront inscrits, par la directrice particulière, les noms, prénoms, âge, domicile des pensionnaires, si elles en reçoivent, avec les noms, prénoms et domicile des pères et mères, tuteurs ou parens, amis ou correspondans, qui auraient placé les pensionnaires dans la maison.

5. Les sœurs de Sainte-Chrétienne pourront recevoir, avec notre autorisation donnée en Conseil-d'État, d'après l'avis de l'évêque, et sur le rapport de notre ministre des cultes, les légs, donations, fondations et constitutions de rentes qui leur seront faits, de la même manière et en se conformant aux mêmes règles que les établissemens de charité ou de bienfaisance.

6. Toutes réclamations d'une ou de plusieurs sœurs de l'institution ci-dessus désignée, contre des actes d'autorité de l'une des directrices particulières, de la directrice générale ou du conseil, seront portées devant l'évêque, lequel décidera.

7. Il y aura recours contre les décisions de l'évêque devant le Conseil-d'État, en la forme prescrite par le réglement sur les affaires contentieuses; et la commission du contentieux en fera le rapport, après que notre ministre de la justice aura pris l'avis de notre ministre des cultes.

8. Notre grand-juge ministre de la justice et nos ministres de l'intérieur et des cultes sont chargés, chacun en ce qui le concerne, de l'exécution du présent décret.

9.

*Décret du 30 septembre 1807 qui autorise l'Association des Dames Charitables, dites du Refuge de Saint-Michel.*

Art. I<sup>er</sup>. L'association religieuse des dames charitables connues sous le nom des *Sœurs de Charité dites du Refuge de Saint-Michel*, est définitivement autorisée.

2. Ses statuts sont approuvés, et seront transcrits sur les registres de notre Conseil-d'Etat.

3. Les dames de Saint-Michel ne pourront recevoir dans leurs maisons que les personnes soumises à l'autorité de la police, et qui y seront envoyées par ses ordres, ou qui seront envoyées par les pères ou conseils de famille, dans les formes établies par le Code Civil. Toutes les fois qu'une personne qui sera dans la maison, voudra adresser une pétition à l'autorité administrative ou judiciaire, la supérieure sera tenue de laisser passer librement ladite pétition, sans en prendre connaissance, et même de tenir la main à ce qu'elle soit envoyée à son adresse.

4. Le sous-préfet, ou le préfet dans les villes où il n'y a pas de sous-préfet, ou à son défaut le maire, d'une part, et notre procureur royal près le Tribunal Civil, ou son substitut, de l'autre, seront tenus de faire chacun, tous les trois mois, une visite dans les maisons des dames du Refuge; de se faire représenter les registres; d'entendre même en particulier, si elles le demandent, toutes les personnes qui y sont; de recevoir les réclamations, et de veiller à ce qu'il y soit fait droit, conformément aux lois; sans préjudice des

visites que pourront faire nos procureurs-généraux, toutes les fois qu'ils le jugeront convenable.

5. La maison chef-lieu sera le noviciat général et la maison de retraite de l'association. Elle est placée sous la direction d'une supérieure générale, qui, après avoir été élue conformément aux statuts, sera agréée par nous. Cette supérieure générale nommera les supérieures des maisons particulières, et désignera les sœurs qui seront envoyées dans ces maisons, ou employées à divers services publics, sur la demande de l'administration civile.

6. Quand elles seront appelées par l'administration civile à remplir, soit dans les maisons de détention et de réclusion, soit dans les hospices, leur ministère de charité, elles se conformeront aux réglemens intérieurs de ces établissemens : néanmoins elles ne cesseront pas de dépendre individuellement de leur supérieure.

7. Les dames de Saint-Michel sont placées, pour le spirituel, sous la surveillance des évêques diocésains; et pour le temporel, sous l'autorité des préfets, sous-préfets, maires, et des tribunaux. Notre ministre des cultes est chargé de veiller à l'exécution de leurs statuts, et à tout ce qui concerne leur organisation intérieure.

8. Il sera tenu, dans chacune des maisons occupées par cette association, un registre où seront inscrits, l'un après l'autre et de suite, les noms de toutes les sœurs qui seront dans chacune desdites maisons, avec leurs prénoms, âge, lieu de naissance, leur dernier domicile ; les noms, prénoms et domicile de leurs

père et mère, s'ils sont vivans, ou mention de leur décès, s'ils sont décédés. Ce registre sera coté et paraphé par le préfet ou le sous-préfet. Chaque sœur signera l'article qui la concerne, avec la supérieure. Il sera tenu double, et l'un des deux restera déposé à la mairie du lieu. Une expédition en bonne forme sera envoyée et déposée à la maison du chef-lieu.

9. Chaque fois qu'une femme sera agrégée à l'association, les engagemens qu'elle prendra seront inscrits sur le même registre, de la même manière et avec les mêmes formalités.

10. Il sera tenu, dans chacune des maisons de l'association, un second registre coté et paraphé de même, où seront inscrits, par la supérieure, les noms, prénoms, âge, domicile des personnes qui y seront reçues, avec les noms, prénoms et domicile des pères et des personnes composant les conseils de famille qui les y auront fait placer.

11. Les dames de Saint-Michel pourront recevoir, avec notre autorisation donnée en Conseil-d'Etat, d'après l'avis de l'évêque, et sur le rapport de notre ministre des cultes, les legs, donations, fondations et constitutions de rentes, qui leur seront faits, de la même manière et en se conformant aux mêmes règles que les établissemens de charité ou de bienfaisance.

11. Toutes réclamations d'une ou de plusieurs sœurs de l'institution ci-dessus désignée, contre des actes d'autorité de la supérieure ou du conseil, ou contre des élections ou autres actes capitulaires, seront portées devant l'évêque, lequel décidera.

13. Il y aura recours, contre les décisions de l'évêque, devant le Conseil-d'État, en la forme prescrite par le réglement sur les affaires contentieuses, et la commission du contentieux en fera le rapport, après que notre ministre de la justice aura pris l'avis de notre ministre des cultes.

14. Notre grand-juge ministre de la justice et notre ministre de l'intérieur sont chargés, chacun en ce qui le concerne, de l'exécution du présent décret.

----------

*Décrets qui autorisent les Congrégations ci-après :*

| DATES. | DÉNOMINATIONS. | LIEUX. |
|---|---|---|
| 30 juillet 1804. | Sœurs de Notre-Dame. | Châlons ( Marne ). |
| 25 janvier 1807. | Sœurs de l'instruction chrétienne. | Dourdau. |
| 10 mars. | Sœurs de la Providence ou Sœurs Va-telottes. | Strasbourg. |
| 23 avril. | Sœurs Hospitalières ou Sœurs de Notre-Dame de Grâce. | Aix. |
| 11 mai. | Sœurs de la Miséricorde. | Bergerac. |
| 1er juin. | Sœurs de la Congégation de St-Roch. | Filletin. |
| 20 juillet. | Dames hospitalières. | Poitiers. |
| 12 août. | Sœurs de l'enfance de Jésus et de Marie. | Metz. |
| *Idem.* | Sœurs hospitalières. | Vaix. |
| 5 juin 1810. | *Idem.* | Dôle. |
| *Idem.* | *Idem.* | Louhau. |
| 14 juin. | Sœurs de Ste-Marthe. | Paris. |
| 6 janvier 1811. | Sœurs Hospitalières. | Aymet. |
| 11 janvier. | Sœurs de la Providence. | Poitiers. |
| *Idem.* | Sœurs de St-Alexis. | Limoges. |
| 19 janvier. | Sœurs Hospitalières. | Janville. Nevers. Ernemont, St-Maur ( Paris ). |
| 22 janvier. | *Idem.* | Séez. |
| 29 janvier. | Sœurs de la Providence de St-Rémi. | d'Anneau. |

| | | |
|---|---|---|
| *Idem.* | Sœurs Hospitalières. | Liège. |
| *Idem.* | *Idem.* | Châtillon-sur-Seine. |
| 16 février. | Sœurs Hospitalières de Notre Dame de Pitié. | Cavaillon. |
| *Idem.* | Sœurs de la Charité. | Bourges. |
| 27 février. | Filles de la Sagesse. | St-Laurent-sur-Sèvre. |
| *Idem.* | Sœurs Hospitalières. | Baugé. |
| *Idem.* | Sœurs de Ste-Marthe. | Châlons-sur-Saône. |
| 9 avril. | Sœurs de Saint-Joseph dites du Bon Pasteur. | Clermont. |
| *Idem.* | Sœurs Hospitalières. | St-Jean-de-Laône. |
| *Idem.* | *Idem.* | Séez. |
| *Idem.* | *Idem.* | Mortagne. |
| *Idem.* | *Idem.* | Seurre. |
| 23 juillet. | Sœurs du Verbe Incarné. | Dun-et-d'Azérable. |
| *Idem.* | Sœurs de St-Paul dites de St-Maurice. | Chartres. |
| 30 septembre. | Sœurs de la Providence. | Lisieux. |
| 12 novembre. | Sœurs de la Charité dites Nobertines. | Oosterhout. |
| *Idem.* | Sœurs Hospitalières dites de St-Jean. | Béthune. |
| 18 février 1812. | Sœurs Hospitalières de la Charité. | Beaune. |
| 27 février. | Sœurs Hospitalières. | Ruë. |
| 12 mars. | Sœurs Hospitalières de Notre-Dame de la Miséricorde. | Gênes. |
| 17 mars. | Chanoines Hospit. du G. St-Bernard. | |
| 15 juin. | Sœurs de la Providence. | Strasbourg. |
| 20 juin. | Sœurs Hospitalières. | Braine-le-comté. |
| 24 août 1812. | Sœurs de la Providence. | Alençon. |
| 5 janvier 1813. | *Idem.* | Strasbourg et environs. |
| 2 juin. | *Idem.* | *Idem.* |
| *Idem.* | Sœurs de la Charité, Présentation de la Ste-Vierge de Janville. | Villeneuve-sur-Yonne. |
| *Idem.* | Sœurs de Ste-Chrétienne. | Aix. |
| 11 janvier. | Maison de Refuge. | Turin. |
| 12 janvier. | Hospitalières de St-Charles. | Lyon et ressort. |
| 13 *idem.* | Sœurs du Saint-Sacrement. | Romans. |
| 6 juillet. | Hospitalières de St-Charles de Lyon. | Avignon. |
| 28 septembre. | Filles de la Providence. | Limoges. |
| 11 décembre. | Sœurs Hospitalières de la Ste-Trinité. | Valence. |
| 19 avril 1814. | Hospitalières dites de la Providence. | Orschweiler. |
| 2 décembre. | Sœurs de la Charité Maternelle. | Metz. |

Ces congrégations ainsi autorisées ont formé un nombre de maisons (1) qui en dépendent et qui suivent les mêmes statuts.

------

(1) 18 Août 1692. — Décret relatif à la suppression des Congrégations séculières et des confréries.

1er Mai 1793 — Décret relatif à l'administration des biens formant la dotation des hôpitaux et maisons de charité.

5. Prairial an 6 (24 mai 1698). — Arrêté qui détermine un mode pour le paiement des pensions et secours accordés aux ci-devant ecclésiastiques et religieux.

16 juin 1801. — Arrêté relatif à l'Administration des biens affectés à la nourriture, à l'entretien et au logement des hospitalières et des filles de Charité.

Artticle 291, Code pénal. Nulle association de plus de vingt personnes, dont le but sera de se réunir tous les jours, ou à certains jours marqués pour s'occuper d'objets religieux, littéraires, politiques ou autres, ne pourra se former qu'avec l'agrément du Gouvernement et sous les conditions qu'il plaira à l'autorité publique d'imposer à la société.

Dans le nombre des personnes indiquées par le présent article, ne sont pas comprises celles domiciliées dans la maison où l'association se réunit.

Art. 292. Toute association de la nature ci-dessus exprimée, qui se sera formée sans autorisation, ou qui, après l'avoir obtenue, aura enfreint les conditions à elle imposées, sera dissoute.

Les chefs, directeurs ou administrateurs de l'association seront en outre punis d'une amende de seize francs à deux cents francs.

Art. 294. Tout individu qui, sans la permission de l'autorité municipale, aura accordé ou consenti l'usage

Quant à la vérification et à l'enregistrement qui doit être fait de ces statuts au Conseil-d'Etat, un Député fit remarquer que c'est une loi de l'an 8 qui a investi le Conseil-d'Etat de la connaissance de cette matière. Et, relativement à la forme dont est mention dans l'art. 2 de la loi des congrégations requise pour les bulles d'institution canonique, *Voyez* le Bulletin des Lois, n. 311, diverses ordonnances ou Décrets du 15 septembre 1819, qui prescrivent la publication de certaines bulles d'institution canonique. Les bulles et les brefs sont reçus et publiés sous réserves, sans approbation des clauses, formules ou expressions qu'ils renferment, et qui sont ou pourraient être contraires à la Charte constitutionnelle, aux lois du royaume, aux franchises, libertés et maximes de l'Eglise gallicane. Ils sont transcrits en latin et en français sur les registres du Conseil d'Etat, et il en est fait mention sur les originaux, par le secrétaire général du Conseil.

## § II.

### *Arrêts, Questions et leurs Solutions.*

#### ART. 1ᵉʳ.

##### *Arrêts.*

Notre intention n'est pas de traiter ici de la jurisprudence dans tous ses rapports avec les communautés religieuses. Outre que ce travail excèderait les

---

de sa maison ou de son appartement, en tout ou en partie, pour la réunion des membres d'une association, même autorisée, ou pour l'exercice d'un culte, sera puni d'une amende de seize francs à deux cents francs.

bornes de notre livre, il serait sans utilité pour ceux qui cultivent la science du droit, ayant dans les nombreux recueils d'arrêts ce qu'il est nécessaire de connaître à ce sujet. Nous ne ferons donc, pour les autres, que l'annotation de quelques arrêts de Cours royales et de la Cour de Cassation sur des points qu'il n'est pas inutile de rappeler à la mémoire.

1°. Lorsque le Gouvernement, sur la demande de l'héritier naturel d'une succession, défend l'acceptation d'un legs, il ne donne rien à l'héritier; ce n'est là qu'une abstention laissant les choses à leur cours naturel. — Si donc il se trouve un deuxième institué, celui-ci est autorisé à réclamer. En d'autres termes : Le Gouvernement ne peut faire tourner au profit seul de quelques-uns des héritiers ou légataires, son refus d'autoriser les hospices à accepter les legs immobiliers qui leur était faits ; cette décision est absolument du ressort de l'autorité judiciaire (C. C., Rejet du 6 juin 1815, Journal du Palais, tom. 44, page 1re. D., tom. 15, page 393, Séance du 15, n° 386).

2°. Peut être réputée disposition déguisée, la vente faite par un défunt à l'une des personnes que la loi déclare incapables de recevoir à titre gratuit ( Cour de Cassation, du 5 mai 1807, D. 1807, pag. 284, Journal du Code civil, tom. 9, pag. 31).

3°. Une libéralité déguisée sous les apparences d'un contrat onéreux, peut-elle, comme non revêtue des formalités des donations entre - vifs, être annulée sur la réclamation des héritiers du donateur ? Trois arrêts de la C. de C. jugent la négative ( Question de

droit, *verbo* Donations, § 5, R., 4 édit., Art. *Donations*, S. 2 , § 6 ). Arrêt contraire de la même Cour
(Section des requêtes) rapporté au même lieu. Il a été
rendu deux arrêts semblables à la même section
(Rep. *loco citato* ); mais la question s'étant représentée
depuis, la section des requêtes est revenue à la jurisprudence de la Section civile, par arrêt du 15 bru-
maire an 14, ( 6 novembre 1805 ; Rep. *loco citato* ).
Cette jurisprudence est encore affermie par un arrêt
de la Section civile du 31 octobre 1809 (Denevers,
1809, p. 437). Par un second arrêt du 22 août 1810,
et par un troisième de la même section, du 19 novembre 1810 (D. 1810, pag. 439, et 1811, pag. 58).
L'arrêt du 31 octobre 1809 a encore jugé en thèse que,
dans l'hypothèse, si une portion de bien donnée
était indisponible, il n'y avait nullité, ou plutôt réduction, que pour cette portion ; et que la donation
quoique faite sous la forme d'un contrat onéreux,
doit recevoir son exécution pour la portion disponible
( *Voy.* le Traité des donations, par Grenier, 2e édit.,
tome 1, page 253, et Rép., *verbo* Simulation, § 5,
Chabot, Questions transitoires, pag. 222 ).

4°. On peut regarder comme avantage prohibé, un
dépôt fait entre les mains d'un tiers, par une mère
naturelle, pour être remis à son enfant, et l'héritier
légataire peut demander la remise et l'ouverture du
dépôt confié par la mère pour être remis après sa
mort à son enfant naturel. Il rentre, comme pouvant
renfermer un avantage prohibé, dans les dispositions
de l'art. 911, C. C. (Paris, 15 prairial an 13, J. du
Code civil, tome 4, pag. 457, S. 6, 2., 381 ).

5°. Lorsque la simulation d'un acte de donation

est opposée par des tiers dont elle tend à frauder les droits, la preuve par témoins de cette simulation peut être reçue (Cour de Cass., Rejet, S. 2, 1, 24 et 140).

6°. C'est par la loi existante à l'époque du don, et non par la loi existante au décès de l'instituant ou donateur, qu'il faut régler la qualité des légitimes que les enfans peuvent réclamer par droit de retranchement sur la donation. En principe, les effets d'une donation entre vifs, même toutes questions de réserve et de retranchement, sont réglés, non par les lois existantes au décès du donateur, mais par les lois existantes à l'époque de la confection de la donation ( S. 11, 2, 222 ).

Il en est de même d'une institution contractuelle (S. 6, 2, 535, et M. Proudhon, Cours de droit français, tome 1er. Paris, 29 janvier 1814. P. Tom. 40, p. 149, S., t. 15, pag. 35 ).

7° Les juges ne peuvent réduire un legs universel, lorsqu'il ne porte pas sur une réserve. Aucun prétexte de captation ou de suggestion ne peut autoriser une réduction (C. C., 22 janvier 1810, P· T, 26, p. 241, D. , t. 8., p. 31 ).

8°. Des faits de captation doivent-ils être plus graves pour attaquer un testament olographe, que pour attaquer un autre testament (*Vid.* Sirey, 24, 1, 279) ?

9°. Le legs dont l'emploi est prescrit à l'exécuteur testamentaire, sous la dénomination de bonnes œuvres, est applicable au soulagement des pauvres, et ne peut être considéré comme fait à des personnes incertaines (Bordeaux, 19 août 1814, P. , tom. 43, pag. 199, D. , tom. 13, pag. 17 ).

10° Un testament par lequel le testateur institue

son ame pour son héritière universelle, et nomme un exécuteur testamentaire, qu'il charge de vendre tous ses biens, et d'*en convertir le prix dans la célébration des messes*, ne doit pas être annulé comme ne contenant pas d'institution valable. — C'est une institution pieuse, permise par le Décret du 7 mars 1806, mais qui ne peut avoir d'effet que par l'approbation du Gouvernement (30 janvier 1808, S., t. 8, 2, p. 321).

10°. Lorsque des dispositions testamentaires ont été faites en faveur d'établissemens publics, le chef de l'Etablissement est tenu de faire tous les actes conservatoires jugés nécessaires, en attendant l'acceptation; le conseil de préfecture ne peut pas refuser l'autorisation qui lui est demandée à cet égard ( Hospice de Grenoble, Jurisprudence du Conseil-d'État, p. 589, 5ᵉ vol., Ordonnance du 28 mars 1821 ).

## ART. 2.

### *Questions et Solutions.*

#### PREMIÈRE QUESTION.

L'art. 5 de la loi porte que *nulle personne faisant partie d'un établissement autorisé ne pourra disposer, en faveur de cet établissement, ou au profit de l'un de ses membres, au-delà du quart de ses biens....* La donation ou le legs qui excéderait cette quotité, serait-il absolument nul ? — Quelle est la nature de la disposition législative qui restreint la capacité des religieuses ?

*R.* Cette question est importante : pour la résoudre d'une manière juste, il est nécessaire de bien saisir la différence des statuts.

La loi qui régit les biens est appelée *statut réel*, comme celle qui régit la personne est appelée *statut personnel*, dans le langage ordinaire de la jurisprudence.

On distingue les deux espèces par l'objet immédiat que le législateur a eu en vue. Là, le statut est personnel, où la loi règle d'une manière indéterminée la capacité ou l'incapacité civile de l'homme, sa qualité de citoyen, celle de père, d'époux ou d'enfant légitime : Là, au contraire, il est réel, où il dispose des biens en faveur d'un tiers, on les rend indisponibles entre les mains du possesseur actuel pour les transmettre à un autre après lui. Telles sont les lois des successions, celles qui règlent les prescriptions, les hypothèques. Les lois qui prohibent les donations furent toujours regardées comme des statuts réels (*Vid.* M. Boullenois, Traité de la personnalité et de la réalité des lois, tom. 1er, pag. 117). Dans l'art. 5 de la loi relative aux Congrégations religieuses, le législateur rend indisponibles les trois quarts des biens entre les mains de la religieuse pour les transmettre à ses héritiers, à sa famille; il dispose donc immédiatement de ces biens; c'est dès-lors un statut réel.

Chaque fois que le statut réel est prohibitif de toute autre disposition que celle qu'il renferme, il l'emporte en faveur de ceux qui sont habiles à l'invoquer, sur les dispositions contraires, soit de l'homme, soit du statut personnel (1).

Un acte se trouve inutile, quand il est contraire au

----

(1) *Voyez* M. Proudhon, Cours de Droit Français, tome premier *in principio*.

statut réel prohibitif; il est nul, quand il est contraire au statut personnel prononçant l'incapacité de celui qui l'a fait; mais il faut bien se garder de confondre la manière dont l'un et l'autre de ces statuts opèrent, lorsqu'ils privent un acte de ses effets.

L'acte contraire à la loi qui frappe la personne d'incapacité est absolument nul, et en conséquence il ne peut rien produire, en aucun temps ni en aucun lieu ; mais l'acte contraire au statut réel prohibitif, n'est pas nul en lui-même, et il peut obtenir tout ou partie de ses effets, suivant la diversité des lieux et des temps.

Supposons que sous la loi du 17 nivôse an 2, un homme ayant des frères, ait disposé de tous ses biens en faveur d'un tiers ; qu'il ait survécu à la promulgation du Code ; et que, décédant aujourd'hui, il laisse toujours ses frères pour plus proches parens, sa donation, ou son testament, quoique contraires au Décret du 17 nivôse, seront valables, parce que la loi qui seule régit sa succession ne contient plus de réserve pour les frères.

Qu'un père, qui a quatre enfans, fasse une donation de ses biens à un étranger; elle sera très-valable, si elle est revêtue de toutes les formes requises, et ce donateur sera, dans tous les temps, non-recevable à révoquer lui-même sa libéralité : après sa mort, ses enfans la feront réduire au quart disponible, parce qu'ils seront les donataires de la loi : ils auront en leur faveur une donation qui, pour les trois quarts des biens, l'emportera sur celle faite à l'étranger par leur père ; mais qu'ils viennent à mourir tous avant le donateur, et que celui-ci ne laisse aucun ascendant, nul autre parent ne pourra s'opposer à l'exécution entière de sa donation.

La raison de la différence entre les effets du statut personnel et ceux du statut réel, c'est que le premier privant l'homme de sa capacité civile, rend l'acte qu'il fait comme n'existant pas.

Le statut réel, au contraire, ne rend pas l'acte nul ; il ne met obstacle à son exécution que pour disposer lui-même d'une autre manière, d'où il résulte que s'il est abrogé au moment de l'ouverture de la succession, comme il ne dispose plus alors, il n'y a plus d'obstacle aux libéralités de l'homme.

Après avoir ainsi exposé la doctrine de notre respectable maître (M. Proudhon), la même que professent tous les auteurs modernes et qui est consacrée par la jurisprudence (1), reprenons la question proposée : il suffira, pour la résoudre, de la rapprocher des rè-

---

(1) Sous l'ancien ordre des choses, la matière des statuts était très-difficile ; il n'était pas possible même de se faire des règles qui eussent toujours une application certaine. M. Boullenois en fait la remarque dans son Traité de la personnalité et de la réalité des lois, vol. 1, page 74, et suiv., où il examine le sentiment des auteurs qui ont écrit sur cette matière. Burgundus, *tract.* n. 3 ,*in fine,* convient que jusqu'au jour qu'il écrivait, on n'avait pas pu donner de règles certaines pour distinguer le statut personnel d'avec le statut réel. *Quæ sunt realia, quæ personalia, doctores non demonstrant ;* et plus bas il dit, *quid sit personale statutum, quid reale hactenùs in foro non satis obvium.* n. 46, *in fine ;* Bertius, *de collis. Legum, sect.* 4, dit qu'il est surprenant de voir combien les interprètes se sont tourmentés

gles que nous venons de rappeler. Nous avons vu que la disposition restrictive de la capacité des religieuses, n'est autre chose qu'un statut réel, puisque l'objet immédiat de la loi est de rendre indisponibles entre les mains de la religieuse, les trois quarts de ses biens pour les transmettre aux héritiers ou à la famille. Ici, nul doute sur l'objet de la loi. On a semblé craindre qu'un zèle peu éclairé n'enrichît les établissemens *au*

---

pour les définir ; *verum in iis definiendis mirum est quàm ludent doctores.*

Plaidant devant la Cour Suprême, dans la cause Dupuits de Maconnex contre Prunelle, M. Guillemin s'exprima ainsi : « Sous l'ancienne législation, les Jurisconsultes n'abordaient qu'avec une sorte d'effroi la matière des statuts ; et pour citer d'abord un auteur français qui l'a traitée *ex professo*, Froland annonce la timidité qu'il éprouvait, par un début assez naïf. « Je suivrais volontiers, dit-il, l'exemple de ces nobles habitans du Parnasse, qui lorsqu'ils entreprennent un ouvrage important et difficile, implorent le secours de leur divin Apollon et de son aimable troupe. »

D'où venait cette espèce de tremblement ? il venait du choc et du conflit perpétuel des diverses lois ou coutumes, qui semblaient faire alors, de toutes les provinces du royaume, autant de nations et de constitutions différentes.

Ce que Jules-César avait dit des peuples de la Gaule, *institutis, legibus diversos esse*, l'un des plus renommés Jurisconsultes, Voët, le disait de toute la Belgique et de tous les cercles d'Allemagne, et il regardait comme presque inextricables les questions statutaires : *intricatissimœ ac prope inexplicabiles.. de statutorum controversiœ.*

*depouillement des familles*, dit l'exposé des motifs (*Vid. suprà*, pag. 64). — En admettant la nécessité de restreindre, *dans l'intérêt des familles*, la capacité des religieuses, dit Mgr. l'archevêque de Paris, etc. (*Vid.*, pag. 78, *suprà*.) M. le comte de Tournon fit encore une proposition qui tendait à assurer la portion réservée *en faveur des familles* ( *Vide*, pag. 80, *suprà* ). — Il s'agit donc d'une réserve en faveur des parens ou de la famille, etc.

Si cette religieuse n'a pas de parens au degré suc-

---

Ces questions, et même celles qui se rattachent aux anciennes lois, ne sont plus aussi effrayantes aujourd'hui. Dégagée maintenant de cette législation bizarrement enchevêtrée, la doctrine est plus libre dans ses méditations; elle n'est plus enchaînée de toutes parts, et même en respectant toujours les statuts abolis, lorsqu'il s'agit des effets et des droits acquis dont ils ont été la source, elle les juge mieux que lorsqu'ils pesaient sur elle de tout leur poids. Par suite de cet heureux affranchissement, la jurisprudence n'a pas eu de peine à se fixer sur des bases aussi claires que solides; et l'institution du tribunal régulateur des vérités judiciaires, n'a pas peu contribué à consolider les principes des statuts. Par un de ses plus célèbres arrêts en cette matière, il a posé en thèse générale, que pour les contrats et obligations, le statut est personnel lorsqu'il règle directement et indéfiniment la capacité ou incapacité générale et absolue des personnes pour contracter, et que le statut est réel, au contraire, lorsqu'il a principalement et directement les biens pour objet, Sirey. tom. 17, part. 1re, page 122; tom. 25, part. 1re, pag. 223.

10.

cessible , ou bien , si étant enfant naturel non-reconnu, elle n'a pas de famille, le motif tout réel qui a déter-miné la disposition de la loi ne se rencontrant pas , la libéralité faite par la religieuse , même de la totalité de ses biens, en faveur de son établissement ou d'une de ses compagnes , doit avoir son effet.

Il en devrait être de même de la libéralité faite par une religieuse qui, étant étrangère , quoique membre d'un établissement français, posséderait ses biens dans un pays dont la loi ne serait pas prohibitive de sa disposition. Dans ce cas, la plainte d'inofficiosité ne pourrait point être exercée, même par des parens qui seraient domiciliés en France, parce qu'on leur répondrait que la loi française ne peut étendre sa domination sur des biens situés hors de son ressort, alors qu'il s'agit de la succession d'une personne étrangère.

Enfin, la même décision doit avoir lieu, soit qu'il s'agisse de biens immeubles, soit qu'il s'agisse d'objets mobiliers. Le principe est que , quoique les meubles suivent la personne et soient régis par la loi du domicile, ce n'est pas comme loi personnelle , mais comme loi réelle et de situation. Dire que le statut qui régit les meubles *est verè personale*, dit M. Boullenois, t. 1<sup>er</sup>, p. 339 de son Traité de la personnalité et réalité des lois, c'est, ce me semble, changer les notions ordinaires ; car nous n'appelons un statut personnel , que celui qui régit la personne , en l'affectant d'un certain état ; et d'Argentré lui-même veut que le statut personnel règle universellement la personne, ce qui ne saurait convenir aux statuts qui règlent les meubles.... Rappelons enfin une disposition qui doit être toujours

présente à la pensée, c'est que, quelle que soit la donation, mobilière ou immobilière, elle ne peut être
acceptée par l'établissement qu'avec l'autorisation spéciale du Roi. Cette formalité qui veille là à l'intérêt de
tous, permet de donner une interprétation large à la
disposition législative, d'ailleurs si favorable, parce
que s'il y avait excès, la réduction serait toujours possible dans l'acte de l'autorité royale.

### DEUXIÈME QUESTION.

Dans chaque établissement, il existe des registres
qui doivent être tenus comme le prescrit l'instruction
ministérielle (*Vid. suprà*, art. dernier de l'instruction ministérielle, pag. 119).

Les signatures qui se trouvent sur ces registres,
peuvent-elles servir comme pièces de comparaison, à
l'effet de vérifier une signature contestée? par exemple,
celle d'un testament olographe, dont la sincérité est
contestée.

*R.* On sait que, pour une vérification de ce genre,
il faut des signatures authentiques, c'est-à-dire, des
signatures qu'on ne puisse point soupçonner d'être
émanées d'autre main que de celle de la personne dont
on veut vérifier la signature contestée.

L'art. 200 du Code de procédure est positif à cet
égard ; il porte que, si les parties ne s'accordent pas
sur les pièces de comparaison, le juge ne pourra recevoir comme telles :

1°. Que les signatures apposées aux actes parde-
vant notaires, ou celles apposées aux actes judiciaires,
en présence du juge et du greffier, ou enfin les pièces
écrites ou signées par celui dont il s'agit de comparer

l'écriture, en qualité de juge, greffier, notaire, avoué, huissier, ou comme faisant, à tout autre titre, fonction de personne publique;

2°. Les écritures et signatures privées, reconnues par celui à qui est attribuée la pièce à vérifier, mais non celles deniées ou non reconnues par lui, encore qu'elles eussent été précédemment vérifiées et reconnues être de lui ;

Si la dénégation ou méconnaissance ne porte que sur la partie de la pièce à vérifier, le juge pourra ordonner que le surplus de ladite pièce servira de pièce de comparaison.

Toutefois, comme on reçoit en justice, dit Merlin ( Rép. de jurisprudence, *verbo* Confrérie *in fine*), les signatures qui se trouvent sur des registres publics, tels que ceux qui, dans les paroisses, sont destinés pour les actes de baptême, de célébration de mariages et de sépulture, par la raison qu'on ne saurait soupçonner de l'infidélité dans celui qui est chargé de tenir ces registres, nous pensons qu'on doit la même confiance aux registres des corps et des communautés. Cette bonne foi nous paraît d'autant mieux placée, que les signatures multipliées que contiennent ordinairement ces registres, sont des témoignages de la vérité de ces signatures.

Il nous paraît que cette opinion doit être suivie; elle est conforme au principe admis par l'arrêt rapporté dans Sirey, tome 8, part. 2e, pag. 304, qui a jugé qu'une lettre de cachet est pièce de comparaison pour vérifier l'écriture et la signature d'un ancien ministre, auteur d'un testament olographe; que des notes paraphées sur des actes ministériels et existantes dans un dépôt public, sont aussi des pièces de comparaison.

Ainsi, dans le cas, par exemple, d'un testament olographe, fait par une religieuse, si la sincérité de la signature est mise en question, on devrait admettre comme pièces de comparaison dans la vérification à faire, les signatures que la testatrice aurait apposées sur les registres de sa communauté. — Au surplus, la loi accorde peu de confiance, en cette matière, à l'art conjectural des experts. L'article 523 du Code de procédure porte, que les juges ne sont point astreints à suivre l'avis des experts, si *leur conviction* s'y oppose. Les tribunaux, les Cours royales et la Cour de Cassation font, avec bien de la raison, l'application de cet article aux experts chargés de comparer les écritures (*Vid.* les arrêts rapportés dans le Manuel de droit français, 4e édition, par Pailliet, sur l'article 200 du Code de procédure).

### TROISIÈME QUESTION.

Aux termes de l'art. 904, Code civil, le mineur parvenu à l'âge de 16 ans, ne peut disposer que par testament, et jusqu'à concurrence seulement de la moitié des biens dont la loi permet au majeur de disposer. Dans le cas d'un legs fait par une religieuse encore mineure, mais âgée de 16 ans, en faveur de sa communauté, la disposition vaudra-t-elle pour le quart de ses biens, suivant l'art. 5 de la loi des Congrégations, ou bien pour la moitié de ce quart, soit un huitième, d'après l'art. 904, Code civil?

*R.* On pourrait dire que dans l'art. 5, la loi ne s'occupant point *de la minorité*, il faut se reporter au droit commun, et appliquer à l'espèce, la disposition du Code. Cette opinion ne serait pas sans quelque fondement. Néanmoins, il nous paraît qu'il en doit être autrement, et que le legs dont il s'agit vaudrait pour le quart des biens de la testatrice mineure. En effet, dans l'art. 5, l'expression de *personne faisant partie d'un établissement autorisé*, loin d'exclure les mineurs, les comprend implicitement dans la généralité du mot, une mineure pouvant faire partie d'un établissement autorisé (1). Dans l'art. 904, la loi règle immédiatement la capacité de la personne en général ; elle protège le mineur contre la surprise, ou plutôt elle craint qu'on abuse de son inexpérience ; la disposition de cette loi est un statut personnel. L'art. 5, au contraire, a pour objet immédiat de déterminer une quotité disponible, d'établir une réserve en faveur de la famille; il est un statut réel. Nulle parité entre ces deux dispositions législatives ; dès-lors point d'extension possible de celle du Code civil sur celle de la nouvelle loi.

« Dans beaucoup de Congrégations, dit le Rapporteur de la commission des Pairs, la propriété de tout ce qu'elles ont pu acquérir depuis leur récente restauration, même de la maison qui leur sert d'asile, est sous le nom individuel d'un de ses membres, qui a laissé le tout par testament à plusieurs autres. Le choix des personnes sur la tête desquelles repose cette propriété commune, est sûrement déterminé par des considérations de prudence et de convenance, tout-à-fait étrangères à leur fortune personnelle, peut-être

_______________

(1) Art. 7 du décret du 25 janvier 1807, *page* 123.

par une santé plus forte ou *un âge moins avancé...;* en conséquence, afin de laisser aux communautés le temps nécessaire pour régulariser les arrangemens que l'état provisoire où elles se trouvaient, avaient rendus indispensables, la disposition restrictive de l'art. 5, ne doit *recevoir son exécution pour les communautés déjà autorisées , que six mois après la publication de la présente loi; et pour celles qui seraient autorisées à l'avenir, six mois après l'autorisation accordée* ».

Maintenant, supposons que la propriété commune réside sur la tête d'une religieuse mineure, pourrait-on opposer à la disposition faite par celle-ci, la prohibition portée dans l'art. 904 ? Non assurément, ou le but de la loi nouvelle serait évidemment manqué. La libéralité que fait une religieuse à la Congrégation dont elle est membre, a quelque chose qui la distingue des libéralités prohibées aux mineurs par l'art. 904 ; elle est d'une nature différente ; on peut la supposer faite à titre rémunératoire , en compensation des services rendus par la communauté, des consolations, des douceurs qu'elle a procurées à la testatrice. Au surplus, l'autorisation du Gouvernement, toujours nécessaire pour la perfection de l'acte de disposition, veille assez à la sûreté de tous les intérêts.

### QUATRIÈME QUESTION.

Le don manuel que la religieuse aurait fait en faveur de son établissement serait-il réductible ?

R. Oui : il est vrai que les dons manuels ne sont pas assujettis aux formalités requises pour la validité des donations. Il a été jugé que si le don consiste en titres de créances, même hypothécaires, la simple remise de ces titres en fait passer la propriété à la personne gratifiée (Sirey, 8, 2, 73), que la tradition réelle suffit pour la validité d'un don manuel d'effets mobiliers; *particulièrement*, que le don de billets à ordre peut être valablement fait par la remise de ce billet avec un endossement en blanc; enfin, que cette remise peut être faite par un tiers, même après la mort du donateur (Sirey, 16, 1, 322) (1).

Mais ces dons dispensés des formalités ordinaires, ne sont pas moins des dons soumis à la règle qui les prohibe, par là seul qu'ils n'en sont pas formellement exceptés. La prohibition est générale; peu importe que l'on donne manuellement, ou sous une autre forme; il y a lieu à réduction dans l'un et l'autre cas, si la disposition est excessive.

Les dons manuels, dit M. Grenier, doivent être ou annulés, ou réduits, ou sujets à rapport, toutes les fois qu'ils paraissent avoir été faits en fraude de la loi et pour l'éluder. *Traité des donations.*

### CINQUIÈME QUESTION.

La loi qui restreint la capacité des membres d'une communauté, a-t-elle un effet rétroactif sur les donations manuelles faites antérieurement à sa promulgation?

---

(1) Nous n'adoptons pas l'opinion reçue par les arrêts, rapportés dans Sirey, *loco citato*, relativement à l'endossement en blanc et à la remise de titre, néanmoins la solution de notre question reste la même, ne s'agissant ici que de la réduction du don manuel.

*R.* La loi ne dispose que pour l'avenir et respecte les droits acquis avant sa promulgation (art. 3, Code civil). Les Congrégations religieuses qui auraient reçu manuellement, ou accepté sous autre forme, toutes donations faites avant la publication de la loi nouvelle, ne pourraient être recherchées à cet égard.

### SIXIÈME QUESTION.

Si, pour disposer au profit de l'établissement auquel elle appartient, la religieuse a fait un legs à son confesseur, personne interposée, chargée de rendre à l'établissement, quel sera le sort de cette disposition ?

*R.* Le legs fait au prêtre confesseur de la testatrice est nul, s'il n'est dit dans le testament, que ce legs est rémunératoire. Telle est la jurisprudence fondée sur l'art. 909, Code civil; voir les arrêts rapportés par M. Pailliet dans son Manuel de droit français, 4$^{me}$ édition, sur l'article cité.

On dirait en vain que, d'une part il demeure établi au procès, que le confesseur, personne interposée, est sans intérêt personnel, dans la libéralité qui d'ailleurs n'excède point la quotité déterminée par la loi; et que, d'autre part, la disposition n'étant contestée qu'à cause de la qualité de confesseur et des présomptions qui en dérivent, il n'y a plus de motif d'appliquer la loi prohibitive, dès que le fait d'interposition demeure constant; qu'en principe toute présomption cède à la preuve contraire.

Il est vrai que la loi qui annulle le legs fait au prêtre-confesseur, est fondée sur des présomptions, mais ces présomptions sont tellement fortes, qu'elles n'admettent pas la preuve contraire. Elles sont *juris et de jure.*

### SEPTIÈME QUESTION.

Par cela seul qu'une religieuse donne à sa communauté les biens qu'une de ses compagnes lui avait donnés à elle-même, faut-il nécessairement en conclure que la première donation renfermait un fidéicommis ?

*R.* Sans doute, il peut naître de cette circonstance une forte présomption ; mais une présomption ne suffit pas seule, lorsqu'elle n'est pas *juris et de jure ;* et encore moins pourrait-elle prévaloir contre des présomptions contraires. La religieuse, seconde donatrice, n'est pas de droit réputée personne interposée; et si elle affirme qu'aucune *obligation* de rendre ne lui a été imposée; si, pour le prouver encore plus, elle dispose elle-même arbitrairement d'une partie des objets donnés; si, dans la donation qu'elle fait à son établissement, elle se réserve un usufruit ou des portions de capitaux ; en un mot, s'il apparaît en tout qu'elle agit en maître et propriétaire absolue, comment serait-il permis de l'accuser sans aucune preuve, d'une espèce de délit ou quasi-délit ?

Plusieurs autres documens peuvent établir la sincérité et l'indépendance de la *donataire-donatrice.* Ainsi, il n'y aurait plus de doute sous ce rapport, si des charges aléatoires lui avaient été imposées par le premier acte ; et si elles étaient remplies par une exécution totale ou partielle.

Dans les principes du droit, en effet, un fiduciaire chargé de rendre, ne peut jamais subir d'obligation personnelle ; il n'est qu'un instrument pour faire arriver l'objet donné à sa véritable destination. Toutes les

fois, donc, que le donataire en titre est personnellement obligé, il est impossible de lui attribuer sur de
simples présomptions, et au mépris d'un acte authen-
tique, la qualité de personne interposée; la voie du
serment est toujours ouverte comme moyen de preuve.
Au surplus, au moment où nous écrivons, cette question est portée à la connaissance d'une juridiction voi-
sine de la capitale. Nous en attendons la décision, qui ne
peut manquer de jeter un grand jour sur cette matière.

### HUITIÈME QUESTION.

Aux termes de l'art. 5 de la loi, la donation ou le
legs ne sont pas réductibles, s'ils n'excèdent pas dix
mille francs. *Quid*, si la disposition de cette somme
blesse la réserve due aux ascendans ou descendans
de la donatrice ou testatrice ?

*R.* La solution de cette question n'est pas sans difficulté. Mgr. l'archevêque de Paris, qui proposa cette addition au projet, dit...: Serait-ce faire trop que d'autoriser les religieuses à disposer en faveur de la communauté, jusqu'à concurrence d'une somme de 500 fr.
de rente *lorsque le quart disponible se trouverait inférieur
à cette somme ?* Voilà bien que, dans l'intention de ce
prélat, la réserve peut être entamée. M. le duc de Cases
proposa d'indiquer, au lieu d'une rente de 500 fr., le
capital de cette rente qui représente une somme de
10,000 fr., et d'ajouter la condition que dans tous
les cas, la libéralité ne pourrait entamer la réserve
due aux termes des lois générales, aux ascendans et
aux descendans; mais cette dernière partie de l'amendement fut supprimée, de l'agrément même de M. de
Cazes, sur les observations de M. le comte Portalis,

qui dit qu'une telle restriction était inutile; que la loi générale ayant réglé la portion disponible, et l'article du Code qui en contient la fixation suivant les différens cas, s'appliquant aux donations en faveur des communautés comme à toutes les autres, une abrogation formelle serait nécessaire, pour qu'elle cessât d'avoir son effet; qu'il était évident que l'indication du capital jusqu'à concurrence duquel les religieuses pourraient disposer en faveur de la communauté, ne porterait aucune atteinte aux règles générales de la matière (*Vid.* ci-devant, pag. 91 et 92). L'amendement resta comme il avait été originairement proposé. Voilà donc bien une opposition entre l'intention de M. Portalis et celle de l'auteur de l'amendement adopté. Dans cette divergence, reste la rédaction que la religieuse ne peut disposer au-delà du quart, à moins que le don ou le legs n'excède pas la somme de dix mille francs. — Mais en disposant ainsi, n'est-ce pas dire formellement que toute disposition contraire est abrogée? que dans le cas particulier d'une religieuse donnant à sa communauté, les héritiers à réserve ne peuvent critiquer le don, à moins qu'il n'excède 10,000 fr.? Cette interprétation s'appuierait de l'intention de l'auteur de la loi, clairement manifestée en ces termes, *lorsque le quart disponible se trouverait inférieur à cette somme*: elle s'appuierait encore des motifs sur lesquels la loi est fondée, puisque le don est fait en indemnité et à raison de l'équivalent que la communauté fournit à la religieuse *pour les nécessités de la vie* (*Vid.* suprà, page 91, où Mgr. l'archevêque de Paris expose les motifs de cette partie de la loi). — Ces raisons ne sauraient prévaloir contre celles ci-dessus données par M. le comte Portalis. Nous pensons donc qu'il faudrait appliquer au cas proposé la règle du droit commun.

### NEUVIÈME QUESTION.

Quel serait l'effet du testament par lequel la religieuse disposant au profit de son établissement d'une quotité au delà du quart, ferait un legs à ses parens, sous la condition d'exécuter la disposition inofficieuse, ajoutant qu'en cas d'inexécution, la portion litigieuse appartiendra à tout autre personne désignée dans le testament?

R. Le legs ainsi fait à l'établissement est réductible au quart ; tel est le vœu de la disposition littérale de l'art. 5, contre laquelle il n'est pas plus permis de venir indirectement que d'une manière directe.

En principe consacré par l'article 900 du Cod. civ., dans toutes dispositions entre vifs ou testamentaires, les conditions impossibles, celles qui sont contraires aux lois et aux mœurs, sont réputées non écrites.

La condition d'exécuter une disposition inofficieuse, est une condition contraire à la loi ; elle sera donc non écrite, et le legs fait au parent sera pur et simple. Le tiers substitué, en cas d'inexécution, ne pourra élever aucune prétention, parce que son titre disparaît, dès que la condition à laquelle il s'attache et dont il est une dépendance, n'existe pas elle-même. Il serait absurde d'accorder aux parens une action dont un tiers obtiendrait le bénéfice ; ce serait le cas d'exciper contre le parent, du principe : *point d'intérêt point d'action*, ce qui rendrait sans effet à l'égard du parent, l'économie de l'article 900 Cod. civ.

### DIXIÈME QUESTION.

Quel est l'effet d'une disposition faite sous la condition que la donataire fera profession de religion ? Spécialement, *quid juris*, s'il s'agit d'un legs fait par le mari à son épouse sous la condition d'entrer en religion ? Plus spécialement encore, si la condition est exprimée ainsi : *le testateur lègue à sa veuve, tant qu'elle restera dans la Congrégation, ou pour le temps pendant lequel elle sera membre de la Congrégation......*

*R.* Si la donation est faite sous la condition que la donataire se liera par des vœux perpétuels, cette condition sera réputée non écrite : 1° parce qu'elle est contraire à la loi qui ne reconnaît pas la perpétuité des vœux ; 2° parce qu'elle gêne la donataire dans la liberté de se marier.

Si les vœux prescrits par le testateur ne devaient être que temporaires, il nous semble que la condition serait valable, parce qu'elle n'est point impossible, ni contraire aux lois ou aux mœurs ; art. 900 Cod. civ. La donataire a le choix de renoncer à la libéralité ou de remplir la condition y attachée. Une fois son option consommée, elle ne saurait plus se soustraire à l'obligation qui en résulte, *nam hoc servabitur quod ab initio convenit. Quidquid ab initio est voluntatis, ex post facto est necessitatis.* On ne peut pas dire rigoureusement, que sa liberté soit gênée.

Ainsi, dans le cas d'un legs fait par le mari à son épouse, sous la condition d'entrer en religion, cette charge devra être remplie, au moins pour cinq ans ; et si le testateur s'est exprimé comme il est dit dans la question proposée, le legs n'est pas précisément

conditionnel, mais seulement pour un temps déterminé, et en conséquence, il devra s'éteindre à l'époque où la veuve sortira de la Congrégation, ou qu'elle
cessera d'en être membre.

On peut remarquer ici que les dons en usufruit
d'immeubles ou d'une somme annuelle, faits entre
époux, avec cette clause limitative *pendant la viduité*,
ont éprouvé des difficultés sérieuses à raison des lois
du 5 septembre 1791, 17 nivôse an 2, article 12, et
6 fructidor suivant, article 23, lorsqu'une veuve à
laquelle un semblable don avait été fait avant la promulgation de ces lois, s'était mariée sous leur empire.
L'embarras provenait de ce que ces lois ne particu-
larisant aucun cas où la liberté de se marier ou de
se remarier pût être gênée, tout semblait être compris dans la généralité de leurs dispositions. De quelque
manière que les clauses fussent rédigées, on pouvait
dire qu'il suffisait que directement ou indirectement
elles pûssent détourner du mariage. Cependant on
trouve dans les recueils plusieurs jugemens qui, dans
le cas même dont nous venons de parler, ont prononcé la validité de la clause, et qui ont ordonné la
cessation de l'usufruit ou de la pension annuelle, à
compter du second mariage. — Mais depuis la promulgation du Code civil, ces lois ne devant plus
servir de régulateur, il ne peut plus y avoir pour
l'avenir de difficulté sur l'effet de cette clause. On
sent néanmoins qu'il est à propos, pour éviter des
contestations, qu'on ne stipule pas la condition de
ne pas se remarier, ce qui dans ce cas serait même
inutile, mais qu'on établisse l'usufruit ou la pension
*pour le temps de la viduité seulement.* M. Chabot (de

l'Allier ). Grenier, et Merlin pensent que rien n'empêche que la condition de ne pas *se remarier* ( il en serait autrement de celle de ne pas se marier) ne doive avoir son exécution. Je me range d'autant plus à cette opinion, dit M. Pailliet, que presque toujours cette condition ne peut avoir que des effets salutaires. *Vid.* Manuel de Droit français, quatrième édition, page 164 sur l'article 900 Code civil.

Remarquons, enfin, sur la question proposée, que les lois des 5 septembre 1791 et 17 nivôse an 2, déclarent non écrites les conditions qui *portent atteinte à la liberté religieuse du donataire, de l'héritier ou du légataire, qui gênent la liberté qu'il a, soit d'embrasser, tel état, emploi ou profession, ou qui tendent à le détourner de remplir les devoirs imposés ou d'exercer les fonctions déférées par les lois aux citoyens.* Ces dispositions ont cessé de faire loi, depuis la publication du Code civil, mais l'article 900 de ce Code, les mantient implicitement, autant que les conditions qu'elles ont pour objet contrarient les lois ou les mœurs. Il est ainsi conçu : « dans toutes dispositions entre vifs ou testamentaires les conditions impossibles, celles qui seront contraires aux lois ou aux mœurs, seront réputées non écrites. » M. Pailliet *loco citato* remarque, avec raison, qu'on ne pourrait pas regarder ces dispositions comme maintenues par l'article 900, Code civil, à l'égard de la condition *d'embrasser tel état, emploi, ou profession*; une telle condition n'offre en général rien qui blesse les lois ou les mœurs; et elle ne pourrait être considérée comme non écrite que dans le cas où il paraitrait évident qu'elle a été imposée dans le dessein ou de gêner la liberté religieuse du donataire, ou de le détourner, soit de remplir certains devoirs civiques, soit d'exercer certaines fonctions auxquelles il est ou pourrait être appelé.

### ONZIÈME QUESTION.

La donation faite par une religieuse à l'établissement dont elle fait partie, ou au profit de l'un de ses membres, est-elle révoquée dans les cas prévus par l'article 953 du Code civil?

*R.* Oui. Sous ce rapport, une telle donation reste entièrement dans le droit commun, par-là même que la loi ne l'en a pas distraite expressément. Ainsi, si la religieuse n'avait ni enfant ni descendant dans le temps de la donation, la libéralité sera révoquée de plein droit, à quelque titre qu'elle ait été faite, par la survenance d'un enfant légitime de la donatrice, même d'un posthume, ou par la légitimation d'un enfant naturel, par mariage subséquent, s'il est né depuis la donation. — Toutefois, on ne pense pas que la révocation ait lieu pour cause d'ingratitude. Si d'après l'article 959 Code civil, les donations faites en faveur de mariage, ne sont pas révocables pour cette cause, parce qu'elles sont présumées faites aussi au profit des enfans et descendans, il en doit être de même de la donation faite à la communauté, parce qu'elle n'est pas seulement faite en faveur des membres qui la composent présentement, mais encore au profit de ses membres futurs.

### DOUZIÈME QUESTION.

L'adoption est-elle permise à la religieuse? Dans l'affirmative, l'enfant adoptif a-t-il le droit de provoquer la réduction de la donation faite à la communauté ?

*R.* L'adoption est un acte solennel par lequel l'adopté sans changer de famille, acquiert les droits de filiation civile à l'égard de l'adoptant seulement. Cet acte est permis aux personnes de l'un et de l'autre sexe (1) ; toutefois il est soumis à des formes et à des conditions spéciales.

La religieuse habile à faire tous les contrats de la vie civile, a le droit de faire celui d'adoption, parce que nulle disposition ne lui interdit expressément l'exer-

---

(1) L'adoption renfermée dans de justes limites, est une institution vraiment libérale et salutaire.

Elle donne à l'homme privé de postérité, la faculté de reposer ses affections sur celui qu'il aura choisi pour lui tenir lieu d'enfant ; en suppléant à la nature, elle présente un appui à la vieillesse, et fournit au cœur généreux le plus beau moyen d'exercer la bienfaisance.

Elle est précieuse à l'humanité, puisqu'elle offre du secours à l'indigence ; que par elle l'orphelin retrouve un père, la faiblesse un protecteur, et la jeunesse un guide.

Son usage est utile à la société, parce que c'est l'éducation qui forme les citoyens, et que l'enfant abandonné trouve dans le père adoptif qui l'élève et prend soin de sa jeunesse, les moyens d'être plus utile un jour à sa patrie.

Une institution aussi bienfaisante est donc digne de la faveur des lois.

( M. Proudhon, *Cours de Droit français*, tome 1er ).

cice de ce droit. Il lui suffit, au surplus, de passer à cet égard un premier acte devant le juge de paix de son domicile (article 353 Code civil); la procédure peut ensuite avoir lieu, même après son décès (article 360 du même Code).

L'enfant adoptif ayant sur la succession de l'adoptant, les mêmes droits que ceux qu'y aurait l'enfant né en mariage, ainsi qu'il résulte des dispositions de l'article 350 du Code civil, on doit décider qu'il a le droit de réserve légale. Toute fois, on ne pense point que l'adoption puisse avoir pour effet d'opérer la révocation des donations, comme par survenance d'enfant. En effet, la donation entre vifs est essentiellement irrévocable dans tous les cas non exceptés; or, les articles du Code qui la déclarent révoquée par survenance d'enfant, ne parlant que des enfans légitimes ou légitimés, *nés depuis la donation*, ce serait donner un sens forcé à ces expressions, que de les étendre à la naissance civile qui a lieu par l'adoption.—Si la donation est révoquée par survenance d'enfant, dit M. Proud'hon, Cours de droit français, tom. 1$^{er}$, pag. 141, c'est parce que l'amour paternel est tel que la loi présume que la libéralité n'a été faite que sous cette condition ; mais ce motif n'existe pas à l'égard de l'enfant adoptif. Il est plutôt ici comparable à un étranger qui reçoit une libéralité, après une donation précédente déjà faite à un autre.

### TREIZIÈME QUESTION.

L'art. 7 porte : En cas d'extinction d'une Congrégation ou maison religieuse de femmes, ou de révocation de l'autorisation qui lui aurait été accordée, les

biens acquis par donation entre vifs ou par disposition à
cause de mort feront retour aux donateurs ou à
leurs parens au degré successible, ainsi qu'à ceux des
testateurs au même degré.

Quant aux biens qui ne feraient pas retour, ou
qui auraient été acquis à titre onéreux, ils seront attribués et répartis, moitié aux établissemens ecclésiastiques, moitié aux hospices des départemens dans
lesquels seraient situés les établissemens éteints.

Dans le cas où les biens donnés auraient été remis
en échange, les donateurs ou leurs parens pourront-
ils exercer le retour légal sur les biens échangés, ou
sur ceux acquis des deniers de la donation ?

R. On pourrait dire pour la négative, que les biens
donnés ou légués ont cessé d'exister et ne se retrouvent plus dans la communauté dissoute; que les biens
acquis par le contrat d'échange, l'ont été à titre onéreux, et qu'en conséquence ils doivent être répartis,
aux termes du 2$^{\text{me}}$. alinéa de l'art. 7 ci-dessus. Que
des biens mobiliers ayant pu, avec autorisation, être
échangés contre des immeubles, et *vice versá*, il
serait absurde d'appeler les donateurs ou leurs
parens à recueillir des biens qui ne leur auraient
jamais appartenu, et à profiter des bénéfices qui ont
pu se rencontrer dans l'échange.

Néanmoins, on devrait le décider autrement. Il
en est ici, comme du retour successoral introduit par
l'art. 747 du Code civil, qui est ainsi conçu : « Les ascendans succèdent, à l'exclusion de tous autres, aux choses
par eux données à leurs enfans ou descendans décédés
sans postérité, lorsque les objets donnés se retrouvent en nature dans la succession. »

« Si les objets ont été aliénés, les ascendans recueil-
lent le prix qui peut en être dû; ils succèdent aussi
à l'action en reprise que pourrait avoir le donataire. »

Tous les Jurisconsultes sont d'accord sur ce point,
que l'article 747 laisse beaucoup à désirer, non
seulement par sa rédaction, mais encore par les
dispositions qu'il contient. — Toutefois, la pensée
du législateur est renfermée en entier dans la 1<sup>re</sup>. partie de l'article. — C'est l'ascendant ( ou le donateur )
qui doit succéder aux choses qu'il a données.

On convient que, d'après la rédaction employée par
le législateur, les trois cas qu'il indique sont limitatifs,
c'est-à-dire que le retour ne s'exerce que sur les
biens qui se retrouvent en nature dans la succession,
sur le prix qui serait dû, et sur l'action en reprise
qui eût appartenu au donataire. Mais tout en se re-
tranchant dans l'une de ces trois hypothèses, on doit
admettre des équipollens, et non se renfermer littéralement dans les termes de la loi. En effet, si l'on
s'attachait trop servilement à la lettre de la loi, on
arriverait à un système révoltant et absurde: par
exemple, un père donne une somme d'argent à sa
fille; la donataire la convertit en billets de banque;
elle meurt le même jour. Assurément, si l'on se renferme dans la lettre de la loi, le père ne pourra
exercer son droit de retour, parce que au lieu d'argent il ne trouve plus que du papier dans la succession, que l'argent a été *dénaturé*; qu'il a été échangé
contre un billet.— La Cour de Cassation a pensé qu'il
fallait interpréter plus largement ce premier cas de
la loi; elle a admis des équipollens; elle a jugé que
des effets de commerce représentaient la somme d'ar-

gent donnée par le père, et que les effets pouvaient
être réclamés par le donateur. *Voy.* Arrêt du 3o
juin 1817, Sirey, 1817, page 313 et 314 ; Affaire de
*Bruno le marchand.* — En principe, le prix représente la chose, il est subrogé à la chose ; en attri-
buant au donataire la chose donnée, qui se retrouve
en nature, le législateur a entendu lui attribuer la
chose ou le produit de la chose, toutes les fois que
ce produit est certain, existant, et non confondu
avec les autres facultés du donataire, de sorte qu'on
n'ait pas à craindre que le droit de retour ne s'exerce
au préjudice des autres facultés... C'est dans ce sens
qu'a été rendu l'arrêt de la Cour de Cassation, section des requêtes du 27 novembre 1823, qui admit le
pourvoi contre un arrêt de la Cour de Poitiers, sur
les conclusions de M. Joubert, avocat général, et
sur le rapport de M. Voysins de Gartempe, plaidant
M. Guillemin, affaire Saurin. Voir sur cette question,
M. Toullier, tom. 4, pag. 244 ; la savante dissertation
de M. Chabot de l'Allier, sur l'art. 747, n°. 22 et
suivantes.

Voici comment la difficulté a été résolue par
M. Massé, dans son Parfait Notaire, tom. 3, page 54,
(son opinion est aussi celle de MM. Toullier et Chabot de l'Allier) : « Si le donataire, dit-il, a échangé
la chose donnée contre une autre, ou s'il l'a aliénée,
et qu'il en ait employé le prix en acquisition d'une
autre chose, avec les conditions prescrites pour la
validité du remploi, dans l'un et l'autre cas, il y a
subrogation valable, l'échange opérant toujours, suivant la loi et la Jurisprudence française, une subrogation de plein droit, et la loi autorisant la subro-

gation par forme de remploi exprès. On en voit des exemples dans les art. 1434 et 1435, Cod. civ., et telle était la jurisprudence du droit coutumier, d'où la succession spéciale que nous traitons ici a été empruntée. Or, la chose subrogée à une autre, prend la place et la qualité de celle-ci, notamment à l'effet d'y succéder. On le décidait ainsi en matière de succession aux propres. La loi *cum autem* le décide de la même manière pour un appelé à une substitution. L'ascendant donateur doit donc succéder à la chose acquise en échange ou en remploi, comme il aurait succédé à la chose donnée.

« On peut encore, ajoute-t-il, arriver à la solution de la question par un argument *à fortiori*. La loi ayant fait succéder l'ascendant donateur au prix dû, à plus forte raison doit-on présumer qu'elle a entendu le faire succéder à la chose acquise en échange ou en remploi; car cette dernière représente bien plus la chose donnée qu'une créance de deniers : aussi, l'ancien droit français fesait-il succéder l'héritier des propres à la chose acquise en échange ou remploi du propre paternel, tandis qu'il refusait à ce même héritier la succession exclusive au prix dû. Si le Code ajoute ce dernier avantage aux droits de l'ascendant donateur, ce n'a pas été sans doute dans l'esprit de lui refuser l'autre qui était bien plus naturel; mais voyant l'effet de la subrogation suffisamment établi par la jurisprudence en cas d'échange ou de remploi, il n'a cru nécessaire de donner une disposition expresse que pour ce qui concerne le prix dû, à l'égard duquel la jurisprudence du droit coutumier avait refusé jusque là le bénéfice

de la subrogation en matière de succession à une espèce particulière de biens. »

M. Toullier, tom. 4 page 243, s'exprime en ces termes : « Si le donataire a acquis un fond, en déclarant
que le prix a été payé avec la somme que lui a donnée son père, cette terre tient la place de la somme
donnée, et le père doit, ce semble, y succéder par
droit de retour ; mais s'il n'y avait point de déclaration d'emploi, l'ascendant donateur n'aurait rien à
prétendre ; si le donataire a employé la somme à l'ac-
quit d'une dette, il me semble encore que l'ascendant n'a rien à réclamer par droit de retour ; cet emploi équivaut à une aliénation, quoiqu'il ait procuré
de l'utilité au donataire. »

Ainsi, MM. Chabot, Toullier et Massé pensent
que le droit de reversion peut être exercé par le donateur sur l'immeuble acquis par le donataire avec
la somme en argent qui lui a été donnée par l'ascendant, lorsque le donataire a déclaré dans le contrat,
qu'il faisait l'acquisition pour employer la somme
donnée.

Cette doctrine s'applique à la question proposée.
S'il est vrai que dans le cas ci-dessus énoncé, le
droit de reversion ait lieu nonobstant le sens littéral
de l'art. 747, qui met à ce retour la condition *que les
objets donnés se retrouvent en nature dans la succession,*
il en doit être de même, à plus forte raison, dans le
cas prévu par l'art. 7 de la loi des Congrégations religieuses, où l'on voit que, sans cette condition *de
se retrouver en nature,* et sans limitation, « les biens
» acquis par donation entre vifs ou par disposition
» à cause de mort font retour aux donateurs, ou à

» leurs parens au degré successible, ainsi qu'à ceux
» des testateurs au même degré. »

QUATORZIÈME QUESTION.

Le retour successoral, introduit par l'art. 747 du
Code civil, met-il obstacle à l'exécution de la donation ou du legs fait à une communauté religieuse
par l'un de ses membres ?

R. Une telle libéralité reste soumise aux règles ordinaires. La question n'est pas vierge; elle a été décidée par nos meilleurs auteurs.

Le droit de l'ascendant donateur s'évanouit par
l'aliénation des biens, tant à titre onéreux qu'à titre
gratuit, lorsqu'ils ne sont pas rentrés, depuis l'aliénation, dans le patrimoine du donataire. Ce droit est
également éteint, lorsque le donataire a disposé des
biens par testament.

On pourrait dire que le testament n'ayant d'effet
qu'après le décès du testateur, le descendant donataire est mort réellement investi de la propriété des
biens qu'il avait reçus, lesquels paraissent ainsi se
trouver dans sa succession; mais ce n'est qu'à titre de
succession que le Code admet l'ascendant donataire
à recueillir les biens qu'il avait donnés. Il est donc
obligé comme héritier d'acquitter les legs. La propriété des biens légués appartenant au légataire dès
l'instant du décès du testateur, il s'ensuit que ces
biens ne se retrouvent pas réellement dans l'hoirie
du donataire; ils n'y viennent que fictivement; les
héritiers de la loi n'en ont que la saisine momenta-
née pour en faire la délivrance au légataire. Ainsi,
d'après la disposition littérale de l'art. 747, l'ascen-

dant qui avait donné ces biens ne peut être admis à y succéder, puisqu'ils ne se trouvent pas réellement dans la succession du donataire; celui-ci a eu la pleine propriété de ces biens; il a pu en disposer à son gré, à titre gratuit comme à titre onéreux; il a eu le droit de les obliger, de les hypothéquer, et dans tous les cas, l'ascendant donateur est tenu d'exécuter soit les dispositions faites, soit les engagemens contractés par le donataire, puisqu'il ne peut réclamer qu'avec la qualité d'héritier de ce dernier, les biens qu'il avait donnés, et qu'en principe, tout héritier est obligé d'exécuter les actes du défunt qu'il représente. C'est pourquoi, sous l'ancien ordre des choses, dans les pays coutumiers où la reversion n'était également qu'un droit successif, il était généralement reconnu que l'ascendant ne pouvait succéder au préjudice des dispositions que le donataire avait faites, soit par donation entre vifs, soit par testament.

Conformément à ces principes, la Cour de Cassation, section des requêtes, a décidé formellement, par un arrêt du 17 décembre 1812, que l'ascendant donateur n'a pas le droit de reprendre les choses que le donataire a léguées par testament, attendu que ces choses ne se trouvent plus alors dans sa succession. — *Vid.* Sirey, an 1813, page 409; cet arrêt est conforme à l'opinion de tous les auteurs tant antérieurs que postérieurs au Code. *Vid.* Lebrun, livre 1er. chap. 5, sect. 2, n°. 63; Boucheul, n°. 74; Chabot de l'Allier, sur l'art. 747, n°. 20, tom. 1er, page 451 de la 5e édition du Traité des successions; Merlin, *nouveau répertoire*, v°. reversion, section 1re, § 2, art. 2; Grenier, Traité des donations; MM. Delvincourt, tom. 1er, page 6o3 et suiv. ; Toullier, droit] civil français, tom. 4, page 232.

Malgré le poids de ces autorités, la Cour royale d'Agen a jugé dans un sens inverse, par arrêt rapporté dans Sirey, tom. 22, page 3oo. Sans entreprendre ici la réfutation du système adopté par cette Cour, nous nous bornerons à remarquer que les motifs sur lesquels elle s'est fondée, ne détruisent point cette vérité que nous répétons, savoir : que l'article 747 est placé sous la rubrique des *successions* qu'il dit que les ascendans donateurs *succèdent* aux objets retrouvés dans la *succession*. La conséquence qui dérive de là est inévitablement que le retour ne s'opère qu'à titre successif, sous toutes les charges et obligations attachées à ce titre. Il faut ou reconnaître cette vérité, ou rayer du Code les expressions dont la loi s'est servie. Le donateur a pu stipuler le droit de retour des objets donnés, art. 951, Cod. civ. ; ne l'ayant pas fait, il doit subir les suites de son silence, c'est-à-dire, les suites de l'abandon qu'il a fait sans réserve.

Nous pensons donc que le retour successoral ne met point obstacle à l'exécution du don ou du legs.

### QUINZIÈME QUESTION.

Quels sont les moyens coercitifs à l'effet de l'exécution des vœux religieux? Si ces vœux étaient faits à perpétuité, ou pour un temps plus que quinquennal, l'obligation serait-elle nulle ou seulement réductible? peut-on la renouveller pour cinq ans, avant l'expiration de la première période ?

*R.* Remarquons d'abord que les vœux religieux sont, en règle générale, dans le domaine de l'autorité spirituelle ; qu'à elle seule appartient le droit d'en régler la forme, les conditions et l'exécution : que la loi civile ne réglant que les rapports de l'homme avec ses semblables, ne peut intervenir dans une matière qui a trait directement aux *rapports supérieurs de la créature* et aux devoirs qui en résultent ; *animalis homo non percipit ea quæ dei sunt.* Toute fois, quoique la loi ne puisse connaître de l'exécution des vœux faits par les Congrégations, ni de leur discipline intérieure, à laquelle les vœux viennent se rattacher, s'il y avait abus dans l'exercice de cette discipline, si la société était offensée dans la personne qui , bien que devenue membre d'une Congrégation, n'a point cessé pour cela de faire partie du corps social, on conçoit que l'autorité civile serait en droit d'intervenir, non pour connaître de l'exécution des vœux , mais pour statuer sur les abus qui auraient été commis, de même que sur tout ce qui excéderait les mesures des statuts ; c'est pourquoi l'art. 19 du décret du 18 février 1809, porte que les maisons de l'Etablissement seront soumises à la police des maires, des préfets et officiers de justice ; et d'après l'article 20, toutes les fois qu'une sœur hospitalière aurait à porter des plaintes sur des faits contre lesquels la loi prononce des peines de police correctionnelle, ou autres plus graves , la plainte sera renvoyée devant les juges ordinaires.

Abordant maintenant la première partie de la question proposée, nous disons 1° : que les moyens coercitifs à l'effet de l'exécution des vœux, résident dans le domaine de l'autorité spirituelle ; que la communauté exerce une espèce de puissance paternelle sur chacun de ses membres, et que l'abus dans l'exercice

des mesures à cet égard, pourrait seul autoriser la religieuse à réclamer la protection de l'autorité publique;
2° que la loi civile prêtant son appui et sa force à des
vœux qui n'excéderaient pas cinq ans, l'autorité publique interviendrait contre la religieuse rebelle pour
la contraindre personnellement et par corps à l'exécution des engagemens auxquels elle voudrait se
soustraire.

On opposerait sans doute le principe *nemo ad factum
cogitur*, pour dire de là que toute obligation de faire
ou de ne pas faire se résout en dommages-intérêts,
en cas d'inexécution de la part du débiteur (art. 1142
Code civil). Cela est vrai lorsqu'il s'agit d'engagemens
d'un intérêt privé, c'est-à-dire, dans les conventions
et obligations ordinaires de la vie; mais le principe
invoqué ne peut recevoir son application, lorsque
l'ordre établi pour l'intérêt général veut que l'obligation personnelle soit remplie par le débiteur;
ainsi la milice de la terre ne peut abandonner ses
drapeaux ni s'affranchir, en payant des dommages-
intérêts, de l'obligation de servir en personne. La
désertion est un crime puni par corps. La milice
céleste, dont le service importe également à l'intérêt
général, doit être de même, sous ce rapport, soumise
à l'exercice de la contrainte par corps (1).

Sur la deuxième partie de notre question, on ré-
pond que les vœux faits à perpétuité ou pour un temps
plus que quinquennal, ne seraient point absolument

---

(1) La contrainte personnelle n'ayant lieu que dans les
cas expressément déterminés par la loi, l'opinion que
nous émettons ici n'est point incontestable.

nuls, *utile per inutile non vitiatur*. Ils seraient réductibles dans la mesure voulue par la loi ( Argum. des articles 1780 et 1660, Code civil ).

Enfin, sur la dernière partie, nul doute que les vœux ne puissent être renouvelés pour cinq ans, mais le renouvellement ne peut être anticipé de manière à opérer une obligation qui dépasserait cette période, que la loi a fixée comme le terme le plus long pour lequel la religieuse puisse aliéner sa liberté personnelle ( Art. 8 du Décret du 18 février 1809, et art. 11 de l'Instruction ministérielle ).

### SEIZIÈME QUESTION.

La femme adultère peut, sur les poursuites du mari, être condamnée à un emprisonnement de deux ans. *Quid*, si, antérieurement aux poursuites, elle s'est engagée dans une congrégation ?

*R.* L'entrée en religion et les vœux temporaires ou perpétuels, ne peuvent mettre obstacle à l'exercice de la vindicte publique, ni aux droits des tiers ; ainsi le jugement de condamnation contre la femme adultère sera exécuté nonobstant les vœux survenus. Il en serait de même de tout autre condamnation prononcée pour délits quelconques contre une femme devenue ensuite religieuse.

Ainsi encore, en vertu de la puissance paternelle que la loi lui confère ( art. 372 et suiv., Code civil), le père peut revendiquer sa fille mineure qui serait parvenue à entrer en religion sans son consentement ( article 7 du Décret du 18 février 1809 ). Le même droit appartient à la mère, après le décès du mari ( art. 31, Code civil); au tuteur, relativement à sa

pupille (450 et suivants ); au mari, relativement à
son épouse ( art. 214); au créancier, relativement à
la femme qui se serait obligée commercialement et
par corps ( articles 4, 5, 637, Code de commerce, et
arg. de l'art. 113 du même Code ).

### DIX-SEPTIÈME QUESTION.

Dans la discussion de la loi sur les Congrégations,
un orateur a dit : L'entrée en religion se fait-elle par
acte privé? y a-t-il une dot? quelle est sa quotité? Le
retour à la vie séculière donnera-t-il lieu à la restitution ? Quelles sont les obligations de la communauté
envers ses membres ?

*R.* Il nous paraît que la solution de ces questions
se trouve en partie dans les termes mêmes des lois existantes, et que c'est dans les statuts de chaque Congrégation qu'il faut décider ce qui ne l'aurait pas été par
les dispositions législatives. D'abord, aux termes de l'article 8 du décret du 18 février 1809, l'engagement doit
être fait en présence de l'Evêque (ou d'un ecclésiastique délégué par l'Évêque) et de l'officier civil qui dressera l'acte et le consignera sur un régistre double dont
un exemplaire doit être déposé entre les mains de la
Supérieure, et l'autre à la municipalité (et pour Paris,
à la préfecture de police). Quant aux obligations de la
communauté envers ses membres, indépendamment
de ce qui peut être dit à cet égard dans les statuts, l'article 16 du décret porte : « Les dames qui se trouveront
» hors de service par leur âge ou par leurs infirmités,
» seront entrenues aux dépens de l'hospice dans lequel
» elles auront vieilli. »

En cas de révocation d'une Congrégation, ses membres ont droit à une pension alimentaire qui doit leur être payée, ainsi qu'il est dit dans l'art. 7 de la loi du 24 mai 1825. A cet égard, nous remarquons cette expression de la loi *pension alimentaire*. Il en résulte 1° que cette pension est insaisissable, art. 581, Code de procédure ; *necare videtur qui alimonia denegat*. 2° Que l'obligation qui la constitue est indivisible, parce qu'on ne peut faire vivre quelqu'un à demi, d'où suit que si elle tombe à la charge de plusieurs, il y a solidarité entre eux, sans qu'il soit nécessaire de la stipuler. 3° Que cette pension n'est pas cessible, car, par l'effet de la cession, le but de la loi, qui est de pourvoir aux nécessités de la vie, aux besoins alimentaires de la religieuse, serait manqué. Céder c'est aliéner; or, l'aliénation de la chose est prohibée par là même que la saisie en est interdite.

Enfin, quant à la dot, à sa quotité et à sa restitution en cas de retour à la vie séculière, c'est dans les statuts que doivent se trouver les dispositions sur ce supplémentaires. Les statuts n'étant pas les mêmes pour toutes les Congrégations, ce que nous dirions pour l'une, ne conviendrait pas à l'autre; ainsi il peut arriver que chez quelques communautés, une dot pour l'entrée en religion soit nécessaire; que cette dot soit portée à huit mille francs, comme elle l'était autrefois dans certains couvens; que les statuts décident aussi que le retour à la vie séculière donnera lieu à la restitution, en tout ou en partie. Remarquons enfin que la loi établit des règles générales sur les Congrégations; elle fixe les formes de leur autorisation, leur existence légale, leur capacité civile relativement à leurs biens ; elle prévoit les cas de leur extinction ou de leur révocation ; elle ne doit point s'occuper des objets de détail et particuliers à chaque Congrégation, le caractère essentiel de la loi étant d'être générale dans ses dispositions.

### DIX-HUITIÈME QUESTION.

Si, pendant l'absence du mari, la femme qui se croyait veuve, entre en religion, et fait vœu pour cinq ans, sera-t-elle affranchie de ses obligations à cet égard, par le retour, ou même par les nouvelles du mari ?

*Quid*, si celui-ci fait les mêmes vœux ?

*R.* 1° La femme qui, se croyant veuve, serait entrée en religion, demeurerait affranchie de ses obligations par le retour du mari, et même par ses nouvelles, l'absence ni les vœux ne pouvant porter atteinte aux liens du mariage. L'engagement, dans ce cas, serait considéré comme le résultat d'une erreur, or, *non videntur consentire qui errant.*

2° Les époux peuvent rester volontairement séparés de fait ; mais la loi ne reconnaît aucune convention à cet égard. Elle ne voit que le mariage, et ne prête son assistance que pour l'exécution des obligations qu'elle y attache ; elle ne permet point la stipulation d'une séparation volontaire ; la séparation de corps ne peut avoir lieu que pour des causes déterminées, et en suivant les formalités prescrites (1). Ainsi, la femme, usant des droits que son mariage lui confère, peut demander de cohabiter avec le mari, le suivre

______

(1) Art. 36o et suiv. Code civil.

partout où il trouve à propos de résider, et celui-ci est obligé de la recevoir... ( art. 214 du Code civil. ) Les vœux du mari, dans le cas proposé, ne peuvent donc le soustraire à ces obligations.

### DIX-NEUVIÈME QUESTION.

Une religieuse peut-elle se marier?

*R.* Si la religieuse n'est liée par aucun vœu, ou si ses vœux sont expirés ou doivent l'être, au temps fixé pour accomplir le mariage, jouissant alors de la plénitude de ses droits civils, elle ne peut rencontrer dans sa qualité, aucun obstacle à son mariage civil. Il n'y a aucun empêchement prohibitif, ni dirimant.

Au contraire, en cas de vœux existants, l'établissement sera fondé à former opposition au mariage d'un de ses membres: 1° parce que la loi civile reconnaît ces vœux faits pour un temps qu'elle a déterminé, et leur prête son appui et sa force ( article 11 de l'instruction ministérielle du 17 juillet 1825, articles 7 et 8 du décret du 18 février 1809 ); 2° les vœux furent toujours un empêchement dirimant du mariage, *est impedimentum votum et hoc in loco sumitur pro voto solemni per professionem in religione emisso, aut pro continentiæ voto quod sacris ordinibus annexum est* (1). Par un arrêt du 28 mai 1818, dans la cause Martin, la Cour royale de Paris a consacré de nouveau ce principe, relativement aux mariages des prêtres ; elle a considéré que, jusqu'à la constitution de 1791 , il était reçu en France , comme en tous pays

_______

(1) Inst. Just., *Seguin.*, De Nuptiis.

catholiques, que l'engagement dans les ordres sacrés, était un empêchement dirimant du mariage ; que ce principe n'a été détruit par aucune loi expresse, et que sa violation temporaire n'a été que l'effet d'une induction de la constitution de 1791 , qui *déclarait ne reconnaître aucun vœu religieux*, ou engagement contraire à la nature ; que cette erreur, qui, en la supposant erreur commune, protège l'effet des mariages antérieurs à la Charte , a dû cesser nécessairement depuis la promulgation de la Charte, qui, en déclarant la religion catholique apostolique et romaine, religion de l'Etat, a restitué aux lois de l'Eglise, la force des lois de l'Etat, relativement aux ministres de la religion de l'Etat ( *Vid.* Manuel de droit français , par Pailliet , 4e édition, page 729 et suivantes). 3° Les sous-officiers et soldats ne peuvent contracter mariage sans y être autorisés par le conseil d'administration de leur corps ; et s'il s'agit du mariage d'un officier , l'autorisation du ministre de la guerre est nécessaire. La milice céleste, que l'ancien corps de droit assimile quelquefois à celle de la terre , doit avoir, à cet égard, la capacité plus restreinte encore. Hospitalières ou enseignantes, les religieuses exercent des fonctions très-précieuses à l'humanité , et très-nécessaires ; il faut éviter qu'elles en soient distraites par les soins du ménage, et par les nombreuses obligations qui résultent du mariage.

### VINGTIÈME QUESTION.

Est-il permis à une religieuse de passer d'une Congrégation dans une autre?

*R.* La loi se borne à reconnaître divers ordres de

Congrégations, et laisse aux personnes qui en font partie, toute liberté d'adopter celle qui leur convient et d'en changer; toutefois, leur volonté à cet égard doit être dépendante de l'autorité spirituelle; c'est pourquoi l'article 8 de l'instruction ministérielle, porte que la Supérieure générale d'une Congrégation conserve une action immédiate sur tous les sujets qui en dépendent; elle a le droit de les placer et déplacer, de les transférer d'un établissement dans un autre, de surveiller le régime intérieur et l'administration. Mais chaque établissement n'en demeure pas moins soumis, dans les choses spirituelles, à l'évêque diocésain; cette reconnaissance de l'autorité spirituelle des ordinaires, doit toujours être exprimée dans les statuts.

### VINGT-UNIÈME QUESTION.

Sur la question de savoir s'il y a lieu d'autoriser les associations anonymes à s'engager à payer une somme déterminée, au décès d'un individu, moyennant une prestation annuelle à payer par cet individu, l'autorité répondit que cet engagement pouvait être autorisé (1). Peut-il en être de même d'une association religieuse, et devrait-on l'autoriser à contracter un pareil engagement ?

*R.* L'association religieuse peut, avec l'autorisation spéciale du Roi, accepter des donations et acquérir à titre onéreux (article 4 de la loi des Congrégations). S'il est dans son avantage d'accepter le service de pres-

_______________

(1) *Vide* : Instruction du ministre de l'intérieur, du 22 octobre 1817.

tations annuelles, sous la condition qu'elle paiera une somme déterminée au décès d'un individu, on ne voit pas que l'autorisation puisse lui être refusée ; c'est là une libéralité sous une condition ni immorale, ni contraire à la loi, ni impossible ; *quisque potest dicere legem liberalitati suæ*. L'association religieuse, comme tout autre, a son administration domestique, et s'il convient d'éloigner d'elle jusqu'à l'idée d'une opération commerciale, et de toute convention aléatoire, il serait néanmoins injuste de la priver d'un avantage évident qui peut résulter pour elle de l'engagement dont il s'agit. Au surplus, l'acte de l'autorité royale nécessaire en pareil cas, ne sera accordé que d'après les circonstances.

### VINGT-DEUXIÈME QUESTION.

Pour qu'il ait une existence légale, l'établissement religieux est soumis à certaines formes préalables ; par exemple : l'enquête *de commodo et incommodo* ; le consentement de l'évêque diocésain ; l'avis du conseil municipal, l'insertion de l'ordonnance dans quinzaine au Bulletin des lois. — L'inobservation de quelques-unes de ces formes autoriserait-elle à critiquer les dispositions faites au profit de l'établissement ?

Réciproquement, l'établissement pourrait-il prétexter de l'illégalité de son institution pour repousser l'action en nullité d'une disposition faite à son profit ou au profit d'un de ses membres ?

*R.* 1° Il y a loin d'un établissement qui n'a reçu aucune autorisation, à celui dans l'autorisation duquel quelques formes auraient été omises. L'un n'a point d'existence légale ; l'autre existe nonobstant l'omission faîte. Il appartient au magistrat exerçant les fonctions du ministère public, de requérir, dans l'intérêt de la loi, la clôture de l'établissement indûment autorisé; mais les particuliers n'ayant que la voie de la dénonciation, ne pourraient* point fonder, sur l'inobservation des formes, la demande en nullité d'une donation faite à cet établissement; ils ne seraient point recevables à critiquer la légalité de son existence, à le contraindre à des justifications que le temps et tant d'évènemens peuvent rendre difficiles et quelquefois impossibles.

2° Admettre l'établissement ou l'un de ses membres, à exciper de l'absence et du défaut des formes qu'il est dans ses devoirs de faire remplir, ce serait lui permettre d'argumenter de sa propre faute, contre les principes du droit. Ainsi, pour écarter la demande en nullité ou en réduction de la donation excessive qui lui aurait été faite, le donataire ne serait point fondé à dire qu'il ne se trouve point dans l'exception introduite par l'article 5 de la loi; que son établissement ou sa corporation n'étant pas reconnu, puisque les formes de l'autorisation n'ont point été remplies, on ne saurait lui appliquer les dispositions restrictives de la nouvelle loi. Ce système ne pourrait prévaloir contre les dispositions de l'article 5 : *Nemo potest ex suâ culpâ reddere conditionem suam meliorem.* Voilà pourquoi l'article 2 de l'instruction ministérielle porte que pour donner une existence légale aux Congrégations, il faut qu'une demande en autorisation soit transmise au ministre. On lit dans cette instruction, article 2, que parmi les Congrégations, il en est qui existent de fait.... et que *maintenant, pour qu'elles puissent avoir une existence légale, et jouir des avantages qui y sont attachés, comme la faculté de recevoir, d'acquérir et de posséder, il faut qu'une demande en autorisation, accompagnée des statuts revêtus de l'approbation de l'évêque diocésain, soit transmise au ministre des Affaires Ecclésiastiques et de l'instruction publique....* Il résulte bien clairement de là, qu'il n'est pas nécessaire que tout soit consommé sous le rapport de la forme, pour que la disposition soit valable, puisqu'il suffit qu'une demande en autorisation, accompagnée des statuts, soit transmise au ministre.

FIN.

## DEUXIÈME PARTIE.

### *Lois, Décrets et Ordonnances.*

FIN DE LA TABLE.

9 782329 161327